SAS Text Miner를 활용한

텍스트 마이닝 방법론

강현철 지음

자유아카데미

머리말

오늘날 텍스트 마이닝은 빅데이터 분석 또는 데이터 과학의 대표적인 한 분야로 자리매김하였으며, 데이터마이닝 및 머신러닝 등 데이터 처리 기술을 활용하여 언어에 담긴 정보를 정형적 데이터로 추출해냄으로써 여러 학문분야에 기여하고 있다. 또한 텍스트 마이닝은 언어학, 전산학, 통계학 등이 모두 상당한 수준으로 관여하는 대표적인 다학제(multi-disciplinary) 연구분야이다.

이 책은 여러 분야의 독자들에게 통계분석 측면에서 텍스트 마이닝 방법론을 소개하는 데 초점을 두고 있다. 특히 SAS Text Miner를 활용하여 텍스트 분석을 수행하는 다양한 사례들을 다루고 있다.

이 책은 총 10개의 장으로 구성되어 있다. 먼저 1장에서는 텍스트 마이닝의 기본 개념을 간단히 소개하였고, 2장에서는 SAS Text Miner 주요 기능과 사용법을 실제 사례를 통해 설명하였다. 3장과 4장에서는 파싱(parsing)과 필터링(filtering)을 통해 텍스트를 추출하고 가공하는 방법을 다루었다. 5장과 6장에서는 클러스터링(clustering)과 토픽분석(topic analysis)을 통해 텍스트로부터 유용한 정보를 추출하는 내용을 설명하였다. 7장과 8장에서는 범주형 목표변수를 설명하고 예측하는 데 사용될 수 있는 두 가지 방법론을 소개하였고, 9장에서는 텍스트 정보를 이용하여 예측모형을 구축하는 사례를 다루었다. 그리고 10장에서는 디렉터리(directory) 또는 웹(web)으로부터 텍스트를 추출하는 사례를 제시하였다.

이 책에서는 실제 사례에 대하여 SAS Text Miner의 처리 과정과 주요 결과들을 현실감 있게 설명하고 있다. 따라서 각 장에 제시된 사례들의 분석과정을 직접 수행하여 봄으로써 관련된 내용을 보다 재미있게 학습할 수 있을 것이다. 이를 위해 각 사례에 사용된 데이터들을 '자유아카데미'의 홈페이지를 통해서 제공하고 있다(http://www.freeaca.com). 또한 이 책을 가지고 강의하시는 분들을 위해 별도로 강의자료를 제공하고 있다(자유아카데미에 문의 바람).

이 책이 실제 문제에서 텍스트 마이닝을 수행하고자 하는 다양한 분야의 연구자들에게 유용하게 사용되기를 바란다.

2020년 6월, 저자

차 례

제 1 장
서론

Introduction

텍스트 마이닝(text mining)이란 비정형 데이터인 텍스트를 컴퓨터가 읽고 분석할 수 있도록 고안된 알고리즘을 다루는 분야이다. 이 장에서는 텍스트 마이닝의 개념과 절차에 대하여 간단히 소개한다.

1.1 텍스트 마이닝(Text Mining)

텍스트 마이닝은 우리가 인지하지 못한 사이에도 이미 생활과 밀접한 관계에 있다. 특정 주제어로 논문을 검색하거나 책을 찾을 때에도 텍스트 마이닝으로 문서들이 요약된 데이터 베이스를 사용한다. 제품이 처음 출시되었을 때 신상품을 접한 고객들의 리뷰의 감성분석을 통해 제품의 초기 반응과 품질을 점검하기도 한다. 전화나 인터넷으로 서비스에 대한 불만 등이 제기되는 경우, 이를 분석하여 향후 서비스질 개선에 활용한다. 소셜 미디어에서는 게시글 및 댓글 데이터를 분석하여 잠재적 사이버 범죄를 사전에 예방하기도 한다. 또한 여러 게시글 데이터를 분석하여 마케팅에 사용할 수도 있다. 일부 소셜 미디어에서는 과거에 검색했던 주제와 관련된 광고가 선별되어 나타나는 것을 볼 수 있는데, 이것 또한 텍스트 데이터를 활용하여 검색어 혹은 검색어 묶음과 관련된 상품 혹은 서비스를 찾아주는 알고리즘에 기반한 것이라 볼 수 있다.[1]

'빅데이터'(big data)라는 용어는 데이터마이닝의 개념을 보다 확장한 것으로 볼 수 있다. 여기에는 비정형 데이터에 대한 처리 등이 포함되는데, 비정형 데이터(unstructured data)란 숫자로 이루어진 정형 데이터와는 달리 문서, 그림, 영상처럼 형태와 구조가 복잡해서 정형화되지 않은 데이터를 의미한다. 전 세계 데이터의 80% 이상이 텍스트와 같은 비정형 데이터로 이루어져 있다고 한다. 빅데이터는 데이터의 생성 양, 주기, 형식 등이 기존 데이터에 비해 너무 크기 때문에, 종래의 방법으로는 수집, 저장, 검색, 분석이 어려운 방대한 데이터를 말한다. 빅데이터는 각종 센서와 인터넷의 발달로 데이터가 늘어나면서 나타났다. 컴퓨터 및 처리기술이 발달함에 따라 디지털 환경에서 생성되는 빅데이터와 이를 분석함으로써 질병이나 사회현상의 변화에 관한 새로운 시각이나 법칙을 발견할 가능성이 커졌다. 일부 학자들은 빅데이터를 통해 인류가 유사 이래 처음으로 인간 행동을 미리 예측할 수 있는 세상이 열리고 있다고 주장하기도 한다.

여론을 파악하거나 선거결과를 예측하기 위해서 소셜 미디어 텍스트가 활용되기도 한다. 검색엔진에서는 찾고자 하는 논문의 제목 또는 논문의 저자와 발간 연도를 검색하면, 해당 논문뿐만 아니라 해당 논문이 인용되었거나 유사한 주제를 다룬 논문까지 함께 찾아

[1] 김수현, 이영준, 신진영, 박기영 (2019). 경제분석을 위한 텍스트 마이닝, <BOK 경제연구>, 제2019-18호, 한국은행.

준다. 검색엔진에 독감 등 특정 질병에 대한 검색이 급증하는지를 파악하여 질병의 유행을 예상하기도 한다. 또한 번역기에서는 어떤 단어든지 다양한 언어로 번역해 준다. 이 모든 것이 가능하게 된 배경에는 텍스트 마이닝이라는 빅데이터 처리 기법이 있다.

오늘날 텍스트 마이닝은 빅데이터 분석 또는 데이터 과학의 대표적인 한 분야로 자리매김하였으며, 데이터마이닝 및 머신러닝 등 데이터 처리 기술을 활용하여 언어에 담긴 정보를 정형적 데이터로 추출해냄으로써 여러 학문분야에 기여하고 있다. 또한 텍스트 마이닝은 언어학, 전산학, 통계학 등이 모두 상당한 수준으로 관여하는 대표적인 다학제(multi-disciplinary) 연구분야이다.

1.2 텍스트 마이닝의 절차

일반적인 텍스트 마이닝 작업은 ⟨그림 1.1⟩과 같은 절차를 거쳐서 수행된다. 이 책의 각 장에서는 이러한 절차들을 자세히 다루고 있는데, 여기에서는 먼저 주요 개념을 간단히 설명한다.

○ 텍스트 수집

텍스트 데이터의 원천(source)은 매우 다양하다. 도서나 논문으로부터 텍스트를 수집할 수도 있고, 기업이나 공공기관의 웹사이트 및 게시판에서 텍스트를 얻을 수도 있다. 또한 네이버나 다음과 같은 포털사이트, 페이스북, 트위터와 같은 소셜 미디어에서 텍스트를 수집할 수도 있다.

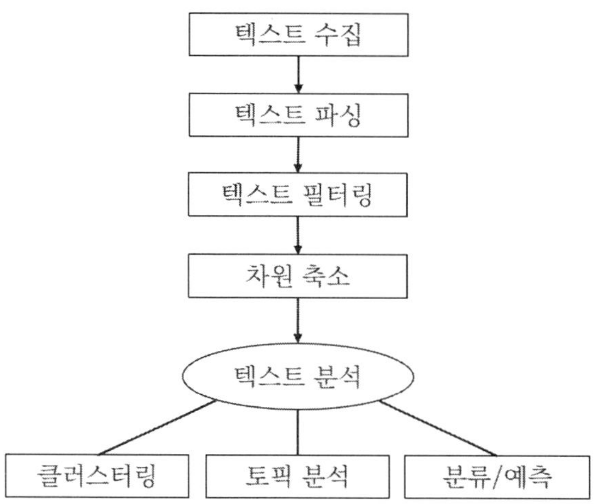

⟨그림 1.1⟩ 텍스트 마이닝의 절차

〈표 1.1〉 텍스트 데이터의 형태

Doc_ID	Document
Doc 1	정부가 코로나19 확산에 따른 경제위기를 극복하고 서민 주거 안정을 위해 서민용 정책성 대출상품의 금리를 일괄 인하하는 방안을 검토 중이다. ⋯
Doc 2	서울 아파트 평균 매매가격이 조사 이래 처음으로 9억 원을 넘어선 것으로 나타났다. ⋯
Doc 3	한국감정원에 따르면 서울 아파트값은 최근 2주 연속 보합(0%)을 기록하며 상승을 멈췄다. ⋯
⋯	⋯
Doc M	최근 서울 강남권 아파트를 중심으로 공동주택 공시가격을 조금이라도 내리기 위한 집단 민원 움직임이 활발하다. ⋯

특정 인터넷 웹페이지에서 자신이 원하는 정보들을 추출해서 가져오는 것을 **웹 크롤링**(web crawling) 또는 **웹 스크래핑**(web scraping)이라고 한다. 웹 크롤링을 수행하기 위해서는 특수한 프로그램 또는 소프트웨어를 사용해야 하는데, 이 책의 10장에서 SAS Text Miner를 이용하여 웹 크롤링을 수행하는 사례를 다룰 것이다.

특히 SAS Text Miner에서 분석을 수행하기 위해서는 텍스트 데이터를 〈표 1.1〉과 같은 형태로 구축해야 한다. 즉, 각 행(row)이 개별 문서들을 나타낼 수 있도록 정리되어 있어야 한다.

○ 텍스트 파싱(Text Parsing)

텍스트 파싱은 각 문서를 형태소(뜻을 가진 가장 작은 말의 단위)로 분해하고, 분석할 가치가 있는 용어(단어)를 추출하는 것이다. 여기에는 텍스트를 단어로 분리하기(tokenization), 단어 구분하기(segmentation), 품사 구별하기(part-of-speech tagging), 어간 추출하기(stemming) 등의 작업이 포함된다. 이 책의 3장에서 텍스트 파싱의 내용을 자세히 다룰 것이다.

텍스트 파싱 작업이 수행된 후 이후의 작업을 위하여 〈표 1.2〉와 같은 형태의 데이터를 만들게 되는데, 이를 **문서-용어 빈도 행렬**(document-term frequency matrix)이라고 한다. 이 행렬에서 행(row)은 문서에 대응되고 열(column)은 용어에 대응되며, 각 셀(cell)의 수치는 각 문서에서 각 용어가 출현한 빈도를 나타낸다. 즉, 원래 비정형화된 데이터를 어느 정도 정형화된 형태로 가공하는 것이다.

〈표 1.2〉 문서-용어 빈도 행렬(Document-Term Frequency Matrix)

	(Term 1) 정부	(Term 2) 서울	(Term 3) 서민	(Term 4) 아파트	⋯ ⋯	(Term N) 경제위기
(Doc 1)	1	0	2	0	⋯	1
(Doc 2)	0	1	0	1	⋯	0
(Doc 3)	0	1	0	1	⋯	0
⋮	⋮	⋮	⋮	⋮	⋮	⋮
(Doc M)	0	1	0	1	⋯	0

○ 텍스트 필터링(Text Filtering)

텍스트 필터링은 파싱을 통해 도출된 용어 중 분석에 활용할 용어를 선별하는 작업이다. 여기에는 불필요한 용어를 제거하기, 동의어를 하나로 정리하기, 용어 간 관계 탐색하기 등의 작업이 포함된다.

또한 텍스트 필터링에서는 이후의 분석에서 각 용어 또는 문서의 중요도를 고려하기 위하여 가중치를 계산하고, 문서-용어 빈도 행렬을 보다 가치 있게 변환하는 작업이 수행된다. 이 책의 4장에서 텍스트 필터링의 내용을 자세히 다룰 것이다.

○ 차원 축소(Dimension Reduction)

일반적으로 문서-용어 행렬은 고차원의 형태를 가진다(high dimensional data). 즉, M(행의 수) 또는 N(열의 수)이 매우 크게 된다. 예를 들어, 수십만 개의 용어가 추출될 수 있다. 따라서 문서-용어 행렬에 필요한 수학적 연산을 적용할 때 시간이 매우 많이 소요되거나 불가능할 수 있다.

이후의 분석을 효율적으로 진행하기 위해서 용어 차원 또는 문서 차원의 수를 대폭 줄일 필요가 있는데, 이를 차원 축소라고 한다. 이 책의 5장에서 차원 축소의 내용을 자세히 다룰 것이다.

○ 클러스터링(Clustering, 군집화)

텍스트 클러스터링은 통계적 군집화 알고리즘을 통해 문서들을 의미 있는 그룹으로 군집화하는 작업이다. 즉, 유사한 특성을 갖는 문서들을 같은 군집으로 묶고, 상이한 특성을 갖는 문서들을 상호 배타적인 군집으로 구별하는 것이다.

이러한 작업을 통해 가지고 있는 문서들의 특성을 개괄적으로 파악할 수 있게 된다. 이 책의 5장에서 텍스트 클러스터링의 내용을 자세히 다룰 것이다.

○ **토픽 분석(Topic Analysis)**

토픽 분석은 차원축소와 통계적 모형을 통해 문서들에 포함되어 있는 소수의 토픽을 찾아내는 작업이다. 여기에서 토픽(topic)이란 구조화되지 않은 문서들 속에 들어 있는 공통된 주제를 의미한다. 또한 각 토픽을 대표하는 용어들을 탐색하는 작업도 수행된다.

앞에서 설명한 '텍스트 클러스터링'에서는 각 문서를 특정 군집(cluster)에만 상호배타적으로 할당하지만, '토픽 분석'에서는 각각의 문서와 단어를 여러 개의 토픽에 할당한다. 즉, '토픽 분석'에서는 상호배타적인 분류를 하는 것이 아니므로, 어떤 문서는 어느 토픽에도 할당되지 않을 수 있고, 어떤 문서는 여러 가지 토픽에 동시에 할당될 수도 있다. 이 책의 6장에서 텍스트 토픽 분석의 내용을 자세히 다룰 것이다.

○ **분류, 예측(Classification, Prediction)**

텍스트 데이터에 어떤 목표변수(target variable)가 있을 경우 문서의 범주를 분류하거나 예측하는 작업을 수행할 수 있다.

예를 들어, 문서들이 정치, 경제, 스포츠 등으로 분류되어 있을 수 있고, 고객과의 대화 내용이 상품, 서비스, 가격 등으로 분류되어 있을 수 있다. 이때, 문서들을 특정 범주로 분류(예측)하는 용어를 추출하거나 규칙을 찾아낼 수 있다. 이 책의 7, 8, 9장에서 이러한 내용을 자세히 다룰 것이다.

1.3 SAS Text Miner

SAS Text(Enterprise) Miner는 다양한 텍스트(데이터) 마이닝 작업들을 손쉽게 수행할 수 있는 소프트웨어이다.[2]

SAS Text Miner는 각각의 기능을 담당하는 여러 개의 노드(node)로 구성되어 있으며, 각 노드의 기능을 간단히 설명하면 다음과 같다.

- 텍스트 파싱(Text Parsing): 형태소 분해, 용어 및 어간 추출, 품사 구별 등 텍스트 파싱 작업을 수행한다.
- 텍스트 필터(Text Filter): 불필요한 용어 제거, 동의어 처리, 용어 간 관계 탐색 등 텍스트 필터링 작업을 수행한다.
- 텍스트 클러스터(Text Cluster): 텍스트 데이터에 대한 차원축소와 문서 클러스터링(군집화) 작업을 수행한다.

---

[2]SAS Enterprise Miner에 대하여는 "강현철, 한상태, 최종후, 이성건, 김은석, 엄익현 (2014). 빅데이터 분석을 위한 데이터 마이닝 방법론 – SAS Enterprise Miner 활용사례를 중심으로(자유아카데미)"를 참고하기 바란다.

- **텍스트 토픽**(Text Topic): 차원축소를 통해 텍스트 토픽 분석을 수행하고 각 토픽을 기술하는 용어들을 탐색한다.
- **텍스트 프로파일**(Text Profile): 목표변수(target variable)의 각 범주를 설명하는 대표 용어들을 도출한다.
- **텍스트 규칙 빌더**(Text Rule Builder): 목표변수의 각 범주를 설명하고 문서들을 분류하는 데 유용한 규칙을 도출한다.

제 2 장
SAS Text Miner 맛보기

Getting Started with SAS Text Miner

SAS Text(Enterprise) Miner는 다양한 텍스트(데이터) 마이닝 작업들을 손쉽게 수행할 수 있는 소프트웨어이다.[1]

이 장에서는 SAS Text Miner를 이용하여 하나의 프로젝트를 진행하는 과정을 수행하여 볼 것이다. 독자들은 각 과정을 똑같이 따라해 봄으로서 텍스트 마이닝의 개념과 Text Miner의 사용법을 익힐 수 있을 것이다.

2.1 프로젝트 생성과 데이터 소스 정의

SAS Text(Enterprise) Miner에서는 '데이터의 생성 및 추출', '탐색 및 변형', '모형화', '평가' 등으로 이루어지는 일련의 작업을 프로젝트(project)라고 부르며, 이러한 마이닝 작업들이 하나의 애플리케이션 작업공간(application workspace)에서 이루어질 수 있도록 구성되어 있다(그림 2.1 참조).[2]

먼저 Text(Enterprise) Miner 윈도의 주요 구성요소들과 기능에 대해서 간단히 설명하면 다음과 같다.

- 메뉴바(Menu Bar)
  Text(Enterprise) Miner 내에서 수행할 수 있는 작업들이 풀다운(pull-down) 메뉴의 형식으로 구성되어 있다.
- 단축 아이콘(Shortcut Button)
  풀다운 메뉴의 주요 기능 중 자주 사용하는 것들이 아이콘으로 등록되어 있다.
- 프로젝트 패널(Project Panel)
  프로젝트, 데이터 소스, 다이어그램, 결과를 생성하고 관리할 수 있다.
- 속성 패널(Properties Panel)
  데이터 소스, 다이어그램, 노드, 결과 등의 속성을 확인하고 설정할 수 있다.
- 도움말 패널(Help Panel)
  속성 패널에서 선택한 옵션에 대하여 간략한 설명이 여기에 기술된다.
- 다이어그램 작업영역(Diagram Workspace)
  다이어그램을 편집하거나 작성된 다이그램을 실행시킬 수 있다.

---

[1] SAS Enterprise Miner에 대하여는 "강현철, 한상태, 최종후, 이성건, 김은석, 엄익현 (2014). 빅데이터 분석을 위한 데이터 마이닝 방법론 – SAS Enterprise Miner 활용사례를 중심으로(자유아카데미)"를 참고하기 바란다.

[2] 이 장의 사례를 시작하기 전에 먼저 3개의 폴더 'c:\My_Work\Text_Sample', 'c:\My_Work\Text_Project', 'c:\My_Work\Text_Outdata'를 하드디스크에 생성하여라(폴더의 이름은 변경해도 무방하다). 또한 'c:\My_Work\Text_Sample' 폴더에 예제 데이터셋들을 복사하여 두기 바란다.

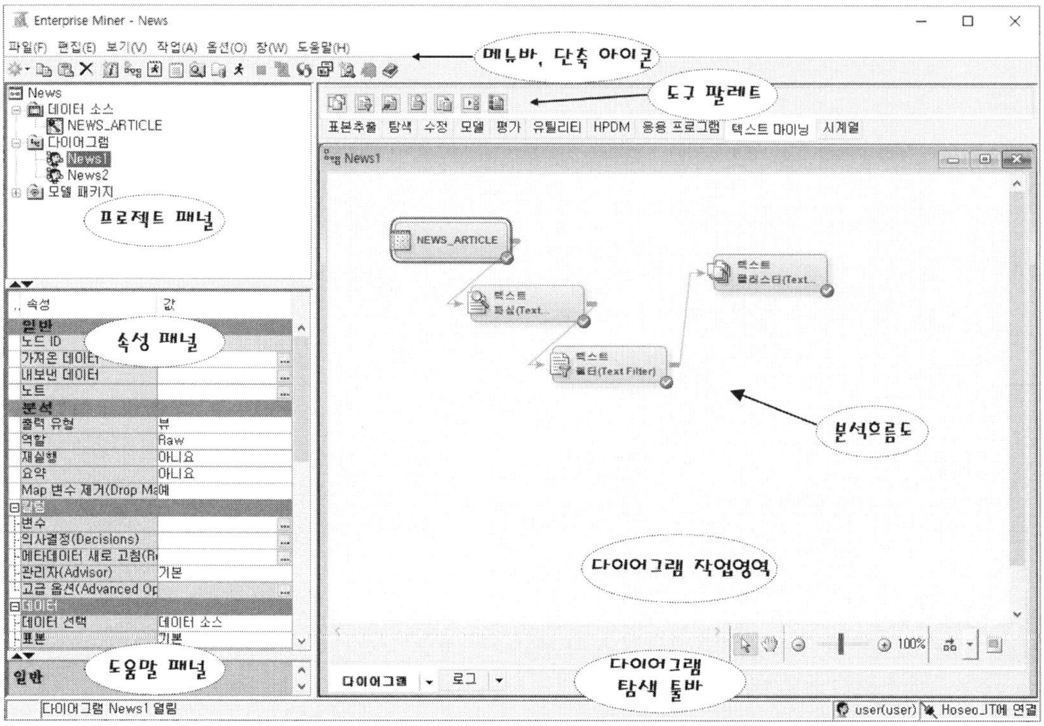

〈그림 2.1〉 Enterprise(Text) Miner의 구성요소

- 도구 팔레트(Tools Palette)
  표본추출, 탐색, 수정, 모델, 평가 등 텍스트(데이터) 마이닝 절차에 따라 사용할 수 있는 노드(node)들이 아이콘으로 등록되어 있다.
- 다이어그램 탐색 툴바(Diagram Navigation Toolbar)
  다이어그램을 탐색하고 편집하기 위한 도구들이 등록되어 있다.

2.1.1 프로젝트 생성

Text(Enterprise) Miner를 구동한 후 초기화면에서 다음과 같은 과정을 수행하면 새로운 프로젝트를 생성할 수 있다. 먼저 풀다운 메뉴에서 '파일(F) > 새로 만들기(N) > 프로젝트' 메뉴를 선택하여라(그림 2.2 참조).[3]

① 새로운 프로젝트 생성 – 단계 1/2(프로젝트 이름 및 서버 디렉터리): '프로젝트 이름' 필드에 프로젝트의 이름을 'News'라고 입력한 후(원하는 다른 이름을 입력해도 된다),

[3] 기존에 생성되어 있는 프로젝트를 불러오기 위해서는 풀다운 메뉴에서 '파일(F) > 프로젝트 열기(O)'를 선택한 후, 원하는 .emp 파일을 선택하면 된다.

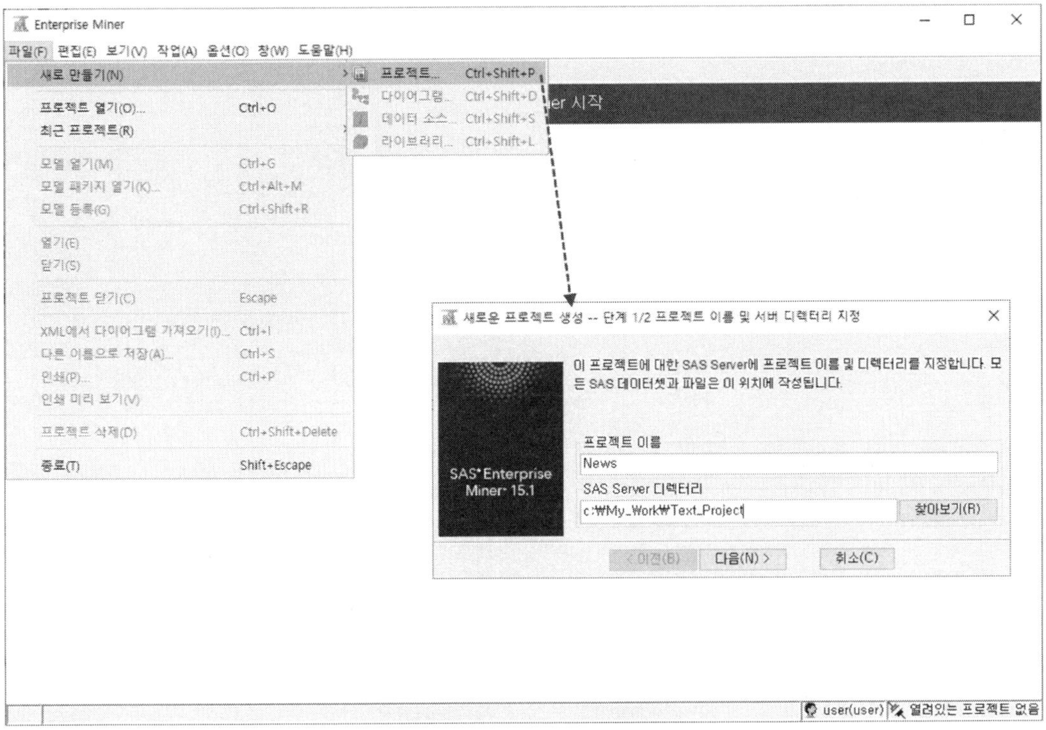

〈그림 2.2〉 새로운 프로젝트 생성

찾아보기(R) 버튼을 사용하여 'SAS Server 디렉터리' 필드에 프로젝트가 저장될 위치를 'c:\My_Work\Text_Project'로 지정한다.[4] 다음(N) 버튼을 클릭한다.

② 새로운 프로젝트 생성 – 단계 2/2(프로젝트 정보): 프로젝트에 대한 정보를 확인한 후, 마침(F) 버튼을 클릭한다.

위와 같은 과정을 모두 수행하면 새로운 프로젝트가 생성되며, 이때 Text(Enterprise) Miner는 'SAS Server 디렉터리' 필드에 지정된 폴더 안에 프로젝트 이름과 동일한 폴더를 생성하고 .emp(enterprise miner project) 파일과 여러 개의 폴더들을 생성한다.

2.1.2 SAS 라이브러리 등록

일반적인 SAS 프로그램이나 메뉴 등에서는 특정 폴더(또는 디렉터리)에 대해서 그 이름을 바로 사용할 수 없고, 라이브러리(library)라고 불리는 SAS에서의 별칭을 사용해야

[4] 하나의 폴더에는 하나의 프로젝트만 저장될 수 있기 때문에, 이미 다른 프로젝트가 저장되어 있는 폴더는 'SAS Server 디렉터리' 필드에 지정할 수 없다.

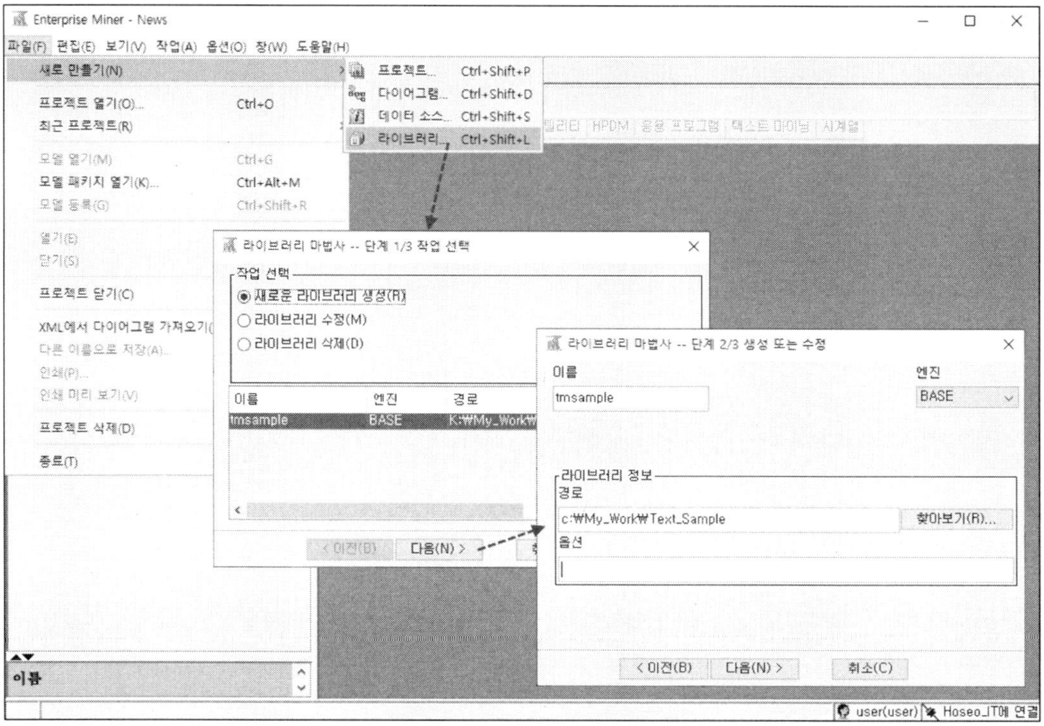

〈그림 2.3〉 SAS 라이브러리 등록

한다. 즉, SAS 라이브러리는 사용자가 특정 폴더에 붙여준 일종의 별명이라고 할 수 있다. 또한 일반적으로 SAS 데이터셋은 다음과 같은 특징을 가지고 있다.[5]

- SAS 라이브러리(즉, 특정 폴더) 안에 물리적인 파일로 저장된다. 일반적으로 SAS 데이터셋의 확장자는 .sas7bdat이다(SAS 버전에 따라 다를 수 있다).
- SAS 데이터셋은 통상적인 SAS 프로그램이나 운영체계 안에서 2수준의 이름을 갖는다(libref.name). 만약 라이브러리를 생략하면 work 라이브러리(특정 폴더에 생성되는 임시 라이브러리)를 지정하는 것과 같다.
- SAS 소프트웨어에 의해서 생성되고 관리된다.

예를 들어, 'c:\My_Work\Text_Sample'이라는 폴더가 'tmsample'이라는 라이브러리로 지정되어 있다면, tmsample.news_article이라는 데이터셋은 'c:\My_Work\Text_Sample' 폴더 안에 있는 news_article.sas7bdat라는 파일을 의미하는 것이다. 물론 이러한 SAS

[5] SAS 데이터셋을 생성하고 관리하는 방법에 대해서는 "김기영, 강현철, 최병정 (2012). 예제로 배우는 SAS 프로그래밍 입문(자유아카데미)"을 참고하기 바란다.

데이터셋은 하드디스크 상에 물리적으로 존재하는 파일이기 때문에 윈도즈 탐색기 등을 이용하여 복사, 이동, 삭제하는 것이 가능하다.

이 책의 분석사례를 위해 라이브러리를 등록하여 보자. 먼저 출판사 홈페이지(http://www.freeaca.com)의 자료실에서 예제 데이터 파일들을 내려 받은 후 특정 폴더(예를 들어, c:\My_Work\Text_Sample)에 저장하고 압축을 풀기 바란다. 이 파일들은 분석사례를 위해 미리 만들어 놓은 SAS 데이터셋들이다.

다음과 같은 과정을 수행하면 특정 폴더에 대해 SAS 라이브러리를 지정할 수 있다. 먼저 '파일(F) > 새로 만들기(N) > 라이브러리' 메뉴를 선택하여라(그림 2.3 참조).

① 라이브러리 마법사 – 단계 1/3(작업 선택): '작업 선택' 영역의 '새로운 라이브러리 생성(R)' 옵션이 선택된 상태에서 다음(N) 버튼을 클릭한다.[6]
② 라이브러리 마법사 – 단계 2/3(생성 또는 수정): 이름 필드에 'tmsample'을 입력한 후, 찾아보기(R) 버튼을 사용하여 경로 필드에 'c:\Text_Sample'을 지정한다. 다음(N) 버튼을 클릭한다. 참고로 SAS 라이브러리 이름은 영문자와 숫자로 이루어진 8자 이내이어야 하며, 반드시 영문자로 시작해야 한다.
③ 라이브러리 마법사 – 단계 3/3(라이브러리 정보): 라이브러리에 대한 정보를 확인한 후, 마침(F) 버튼을 클릭한다.

2.1.3 데이터 소스 정의

데이터 소스(data source)는 사용할 데이터셋을 Text(Enterprise) Miner에 연결하는 역할을 수행한다. 다음과 같은 과정을 수행하여 분석용 데이터에 대한 소스를 정의하도록 하자. 먼저 '파일(F) > 새로 만들기(N) > 데이터 소스' 메뉴를 선택하여라(그림 2.4).

① 데이터 소스 마법사 – 단계 1/8(메타데이터 소스): 소스(S) 영역의 'SAS 테이블' 옵션이 선택된 상태에서 다음(N) 버튼을 클릭한다(그림 2.4).
② 데이터 소스 마법사 – 단계 2/8(테이블 선택): 찾아보기(R) 버튼을 클릭한 후, 'SAS 테이블 선택' 대화상자에서 Tmsample 라이브러리와 News_article 테이블을 차례로 선택하고(그림 2.5), 확인(O) 버튼을 클릭한다. 다음(N) 버튼을 클릭한다.
③ 데이터 소스 마법사 – 단계 3/8(테이블 정보): 테이블에 대한 정보를 확인한 후, 다음(N) 버튼을 클릭한다.
④ 데이터 소스 마법사 – 단계 4/8(메타데이터 관리자 옵션): 고급(A) 옵션을 선택한 후, 다음(N) 버튼을 클릭한다(그림 2.6).

[6]여기에서 기존의 라이브러리 설정을 수정하거나 삭제할 수도 있다.

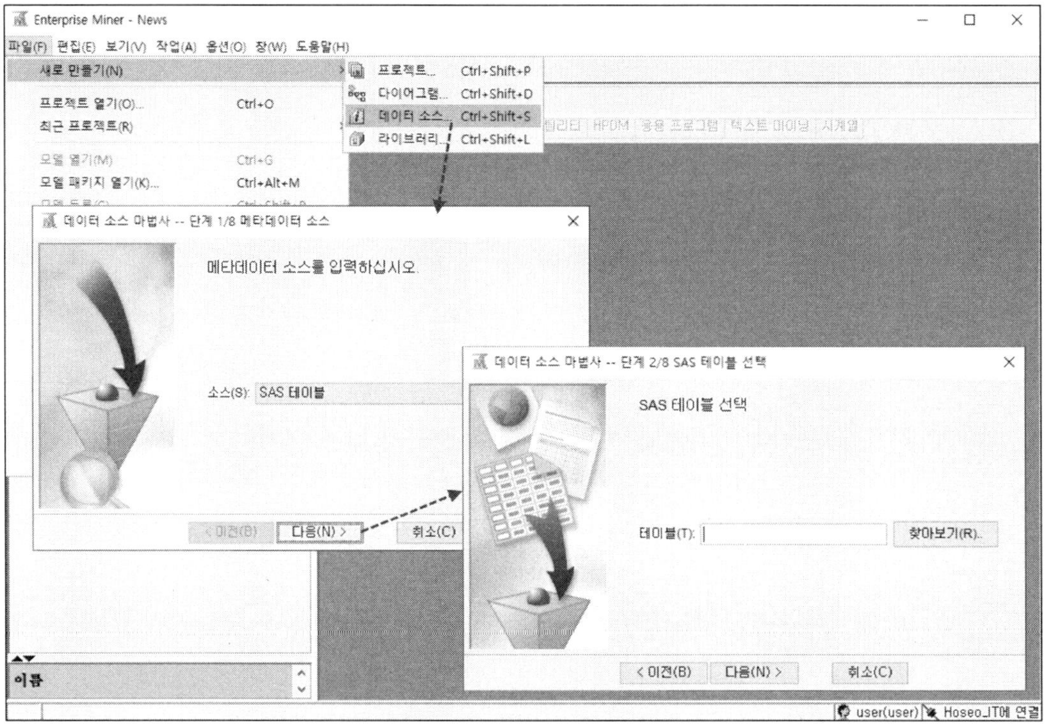

〈그림 2.4〉 데이터 소스 정의

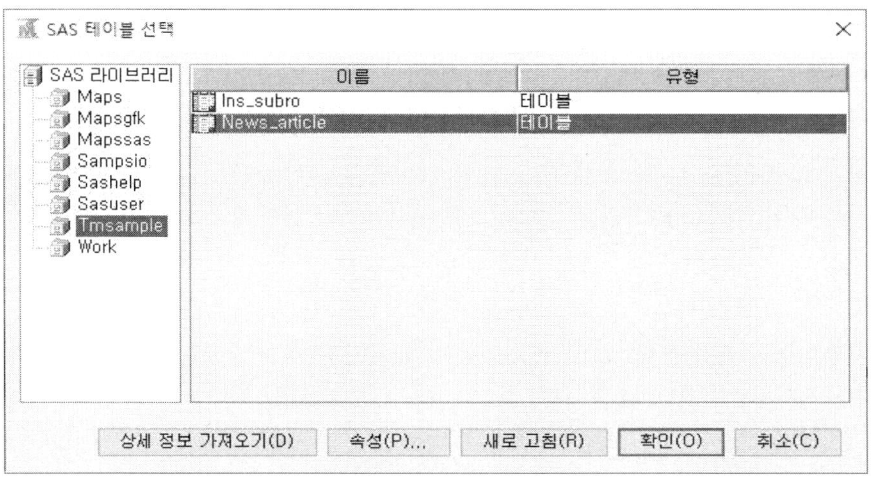

〈그림 2.5〉 SAS 테이블 선택

⑤ 데이터 소스 마법사 – 단계 5/8(칼럼 메타데이터): 각 변수들의 역할 필드를 〈그림 2.7〉과 동일하게 설정한다. 즉, 변수 Doc_ID의 역할을 ID, 변수 Doc_Key의 역할을 Key, 변수 Document의 역할을 Text로 설정하여라(일반적으로는 ID와 Key 변수를 지정하

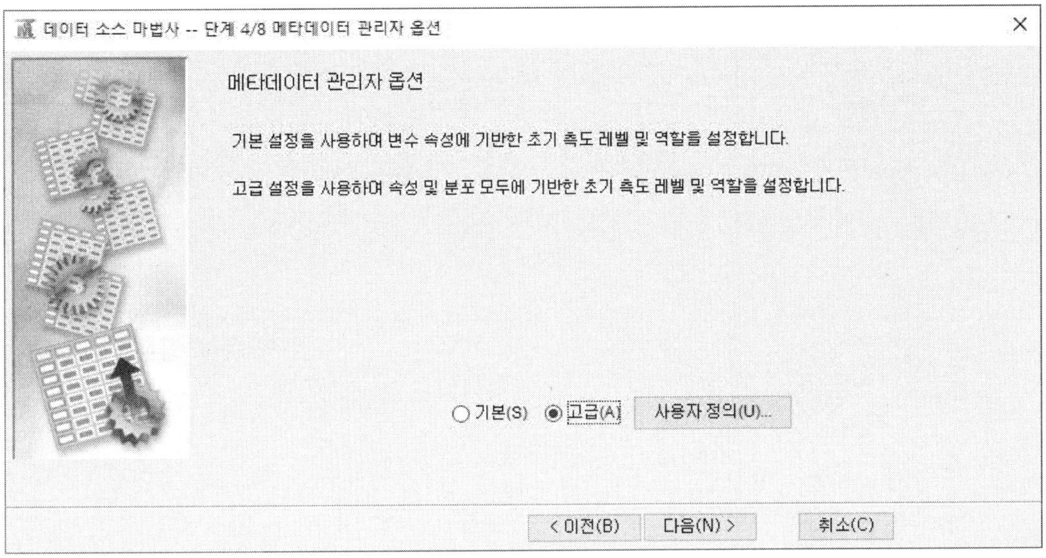

〈그림 2.6〉 메타데이터 관리자 옵션

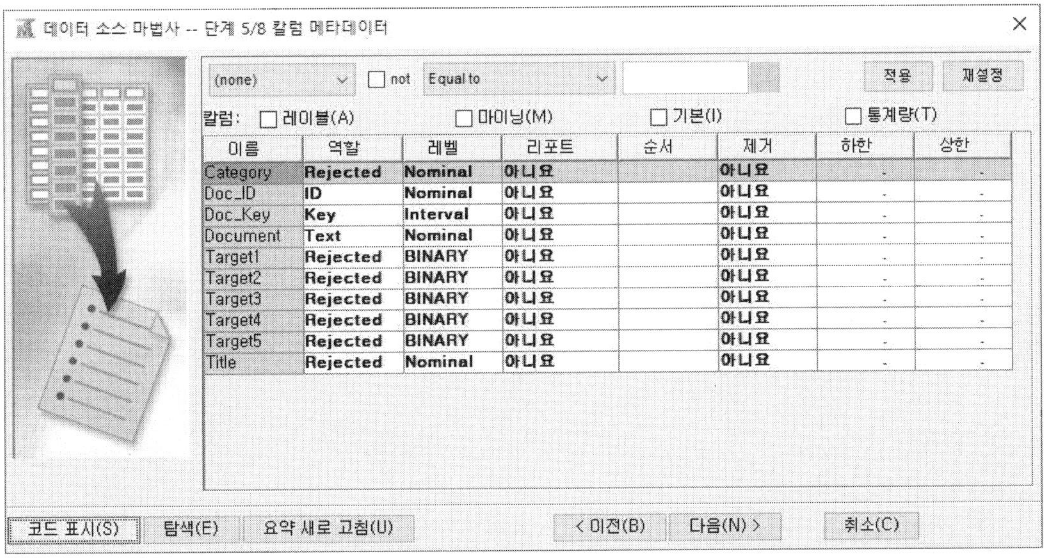

〈그림 2.7〉 칼럼 메타데이터

지 않아도 무방하다). 또한 나머지 변수들의 역할을 Rejected로 설정하여라. 이렇게 지정하면 변수 Document가 텍스트 마이닝의 분석 대상이 된다.

⑥ 다음(N) 버튼을 계속해서 클릭한 후, 마지막으로 데이터 소스에 대한 정보를 확인하고 마침(F) 버튼을 클릭한다.

〈참조〉 SAS Text Miner에서 주로 사용되는 변수의 역할

SAS Text(Enterprise) Miner에서 주로 사용되는 변수의 역할(role)은 다음과 같은 것들이 있다.

- Text: 텍스트가 저장되어 있는 변수이며, 이 역할의 변수는 반드시 지정되어야 한다.
- ID: 각 문서의 식별자(ID)이며, 이 역할의 변수는 지정되지 않아도 된다.
- Key: 각 문서를 유일하게 구별하는 변수이며(즉, 중복이 없어야 한다), 일반적으로 이 역할의 변수는 지정하지 않아도 되지만, HP Text Miner 등 일부 노드에서는 이 역할의 변수를 필요로 한다.
- Target: 마이닝 작업에서 사용될 목표변수를 나타내며, 텍스트 프로파일(Text Profile)과 텍스트 규칙 빌더(Text Rule Builder) 노드에서는 이 역할의 변수를 필요로 한다. 또한 목표변수의 존재 여부에 따라서 일부 노드의 결과가 달라질 수 있다.
- Input: 데이터 마이닝 작업에서 사용될 입력변수(설명변수)를 나타내며, 일반적으로 텍스트 마이닝 작업에서는 이 역할의 변수는 지정되지 않아도 된다.
- Rejected: 이 역할의 변수는 이후의 분석에서 사용되지 않는다.

〈그림 2.8〉 New_Article 데이터셋의 내용

〈표 2.1〉 News_article 데이터셋의 내용

변수 이름	설명
Category	기사의 범주. C1(금융), C2(IT), C3(부동산), C4(방송연예), C5(국제)
Doc_ID	기사의 식별자
Doc_Key	일련번호. 1, 2, $\cdots$, 4000
Document	기사의 내용(텍스트)
Target1	범주가 C1(금융)이면 1, 아니면 0
Target2	범주가 C2(IT)이면 1, 아니면 0
Target3	범주가 C3(부동산)이면 1, 아니면 0
Target4	범주가 C4(방송연예)이면 1, 아니면 0
Target5	범주가 C5(국제)이면 1, 아니면 0
Title	기사의 제목

이러한 과정을 수행하면 '**프로젝트 패널**'에 데이터 소스가 등록되며(그림 2.8), 등록된 데이터 소스에 대하여 언제든지 설정을 변경할 수 있다. 특정 데이터 소스를 오른쪽 마우스로 클릭한 후, 팝업 메뉴(pop-up menu)에서 '**변수 편집**' 메뉴를 선택하면 '변수 편집' 대화상자가 나타난다. 또한 **탐색** 메뉴를 선택하면 데이터 소스의 내용을 살펴볼 수 있다.

〈그림 2.8〉에서 볼 수 있는 바와 같이 New_Article 데이터셋의 변수 Document에는 분석할 텍스트의 내용이 저장되어 있다. 이 데이터셋은 포털사이트에서 수집된 기사들의 내용이 저장되어 있으며, C1(금융), C2(IT), C3(부동산), C4(방송연예), C5(국제) 등 5개의 카테고리에서 각각 800개씩의 기사가 수집되어 있다(표 2.1 참조).

2.2 다이어그램 작성

다이어그램(diagram)은 프로젝트의 일부 과정들을 위한 작업영역(workspace)으로서 분석자는 여기에 흐름도 형식의 작업절차를 정의할 수 있다. 다음과 같은 과정을 수행하여 새로운 다이어그램을 생성하고 분석흐름도를 작성하도록 하자.

2.2.1 다이어그램 생성

먼저 '파일(F) > 새로 만들기(N) > 다이어그램' 메뉴를 선택한 후(그림 2.9), 다음과 같은 과정을 수행하여라.

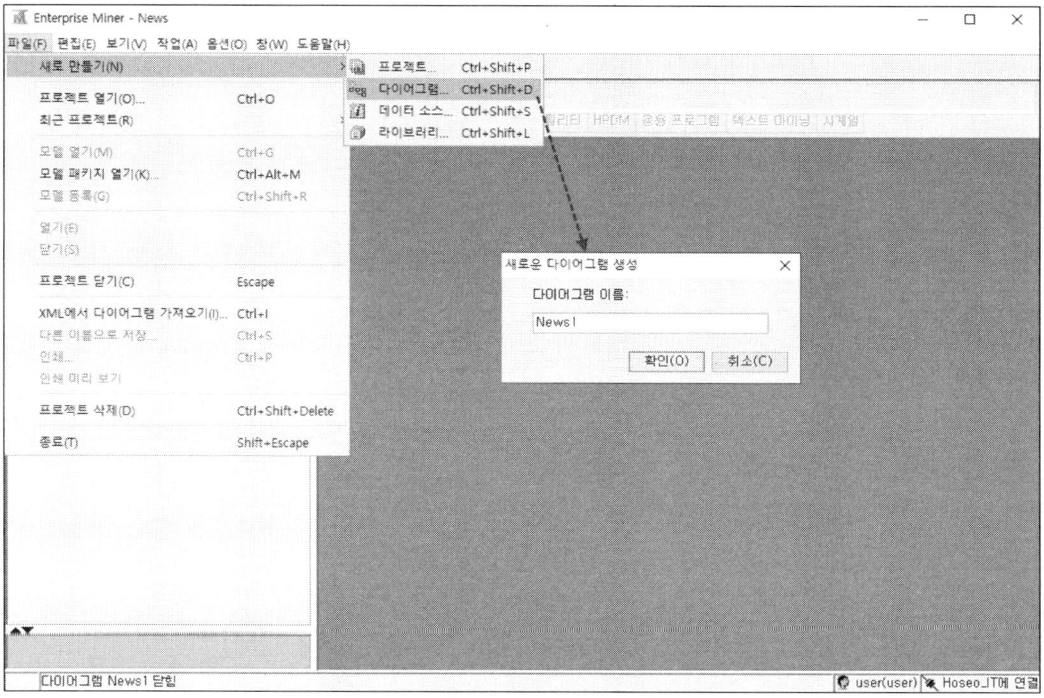

〈그림 2.9〉 다이어그램 생성

- '새로운 다이어그램 생성' 대화상자의 '다이어그램 이름' 필드에 'News1'을 입력한 후, 확인(O) 버튼을 클릭한다(다이어그램 이름은 원하는 것을 입력하면 된다).

이와 같은 과정을 수행하면 다음 〈그림 2.10〉에서와 같이 '프로젝트 패널'에 다이어그램이 등록된다.

2.2.2 다이어그램 작성

다이어그램 작업영역(diagram workspace)은 프로젝트의 일부 작업을 흐름도의 형태로 작성하는 작업공간이다. 사용자는 도구 팔레트에서 마우스로 노드를 끌어다 놓고(drag and drop), 이들을 연결하여 분석흐름도(process flow)를 작성할 수 있다. 다음과 같은 과정을 수행하여 하나의 다이어그램을 작성해 보도록 하자.

① '프로젝트 패널'에서 다이어그램의 이름(News1)을 더블클릭하여 다이어그램을 활성화한다(그림 2.10).[7]

[7]새로운 분석흐름도를 작성하고자 한다면 풀다운 메뉴에서 '파일(F) > 새로 만들기(N) > 다이어그램' 메뉴를 선택하면 된다.

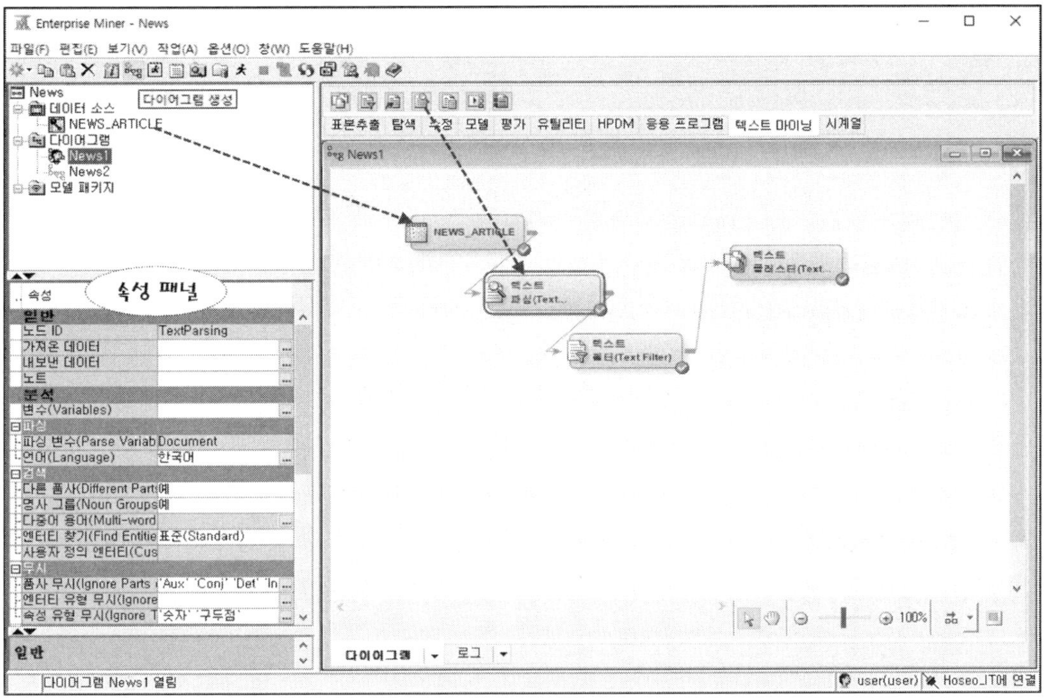

〈그림 2.10〉 다이어그램 작성

② '프로젝트 패널'의 데이터 소스 New_Article을 마우스로 클릭한 상태에서 다이어그램 작업영역의 적당한 위치에 끌어다 놓는다.

③ '도구 팔레트'의 '텍스트 마이닝' 영역에서 텍스트 파싱(Text Parsing) 노드를 마우스로 클릭한 상태에서 다이어그램 작업영역의 적당한 위치에 끌어다 놓는다.

④ 유사한 방법으로 텍스트 필터(Text Filter) 노드와 텍스트 클러스터(Text Cluster) 노드를 다이어그램 작업영역의 적당한 위치에 추가한다.

⑤ 노드들을 화살표로 연결한다. 특정 노드의 오른쪽 끝부분으로 마우스 포인터를 이동하면 포인터 모양이 연필 형태로 변하며, 이때 마우스를 클릭한 상태에서 다음 노드의 왼쪽 끝부분까지 이동하여 두 노드를 연결하면 된다.

2.3 노드 속성값 변경하기

SAS Text Miner의 각 노드는 작업의 내용을 지정하는 '속성 패널'을 가지고 있다. 이 절에서는 다음과 같은 과정을 수행하여 텍스트 파싱(Text Parsing) 노드의 일부 속성값을 변경하여 보자.

① 다이어그램 작업영역에서 텍스트 파싱(Text Parsing) 노드를 클릭한다. 그러면 ⟨그림 2.10⟩ 및 ⟨그림 2.11⟩에서와 같이 '속성 패널' 영역에 해당 노드의 속성값이 나타난다.

② '속성 패널'에서 '언어(Language)' 속성을 '한국어'로 설정하고, '엔터티 찾기(Find Entities)' 속성을 '표준(Standard)'으로 설정한다. 텍스트 파싱(Text Parsing) 노드 등에 대한 속성값에 대하여는 이후에 자세히 설명할 것이다.

2.4 다이어그램 실행과 결과 보기

이제 앞에서 수행한 작업을 통해 작성된 다이어그램을 실행한 후 그 결과를 살펴보도록 하자.

2.4.1 노드 실행하기

다음과 같은 과정을 수행하여 다이어그램 중에서 텍스트 파싱(Text Parsing) 노드를 실행하여 보자.

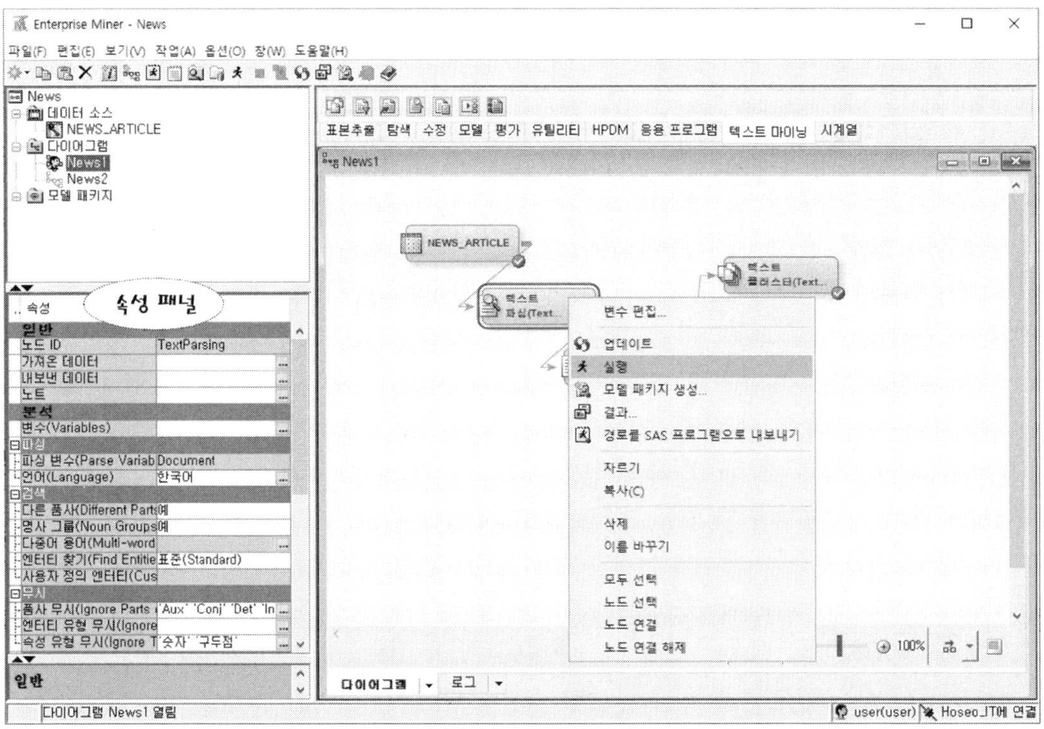

⟨그림 2.11⟩ 텍스트 파싱(Text Parsing) 노드의 실행

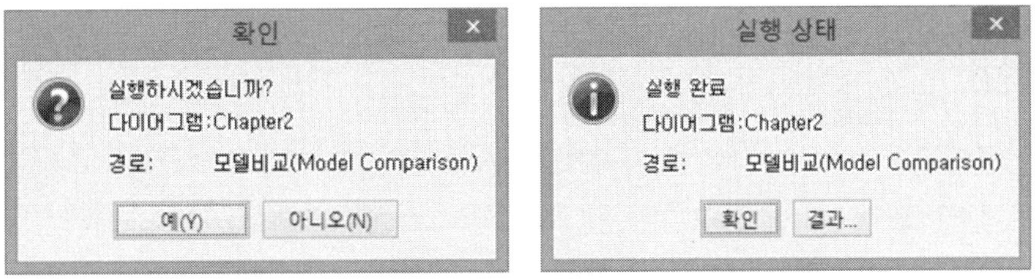

〈그림 2.12〉 확인 및 '실행 상태' 대화상자

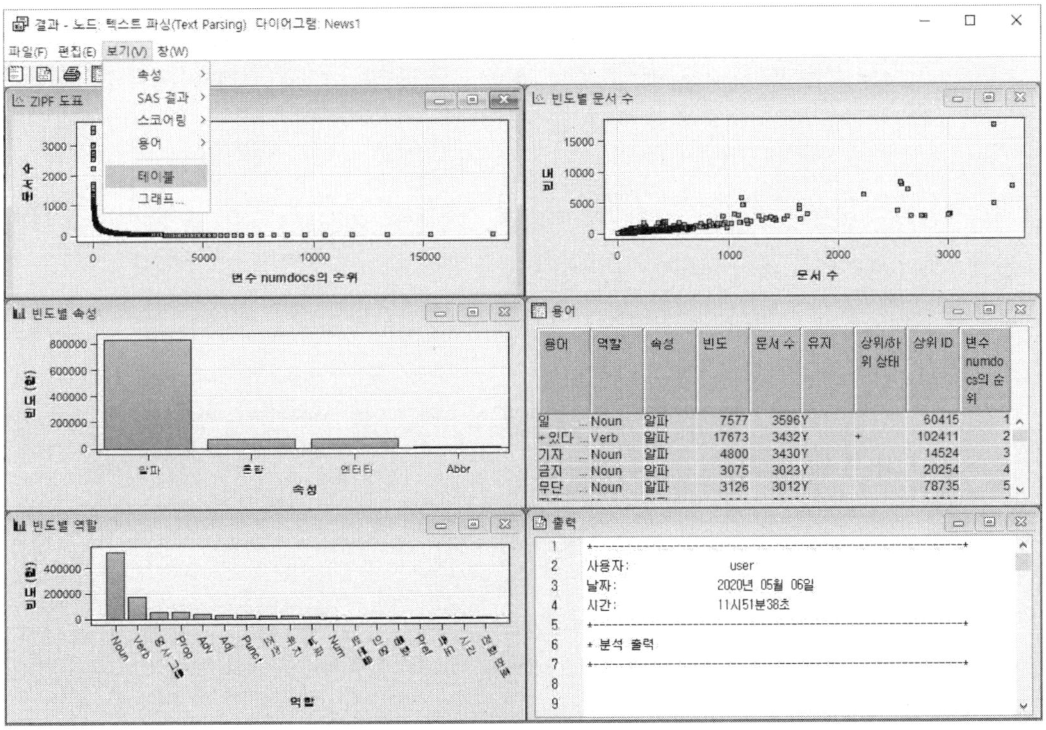

〈그림 2.13〉 텍스트 파싱(Text Parsing) 노드의 결과

① 다이어그램 작업영역에서 텍스트 파싱(Text Parsing) 노드를 마우스 오른쪽 버튼으로 클릭한 후, 팝업 메뉴에서 실행 메뉴를 선택한다(그림 2.11). 그리고 〈그림 2.12〉의 '실행 확인' 대화상자에서 '예'를 클릭하면 데이터 소스(News_Article) 노드와 텍스트 파싱(Text Parsing) 노드가 차례로 실행되는 것을 볼 수 있다.

② 대부분의 텍스트 마이닝 작업에는 상당한 시간이 소요된다. 해당 노드에 대한 분석이 모두 수행되면 〈그림 2.12〉의 '실행 상태' 대화상자와 같이 분석이 성공적으로 실행되었음을 알리는 메시지가 나타난다. 이때 분석결과를 살펴보기 위해서 결과 버튼을 클릭하면 된다.

2.4.2 결과 보기

⟨그림 2.13⟩에 출력된 결과들을 개략적으로 살펴보기 바란다. 각 노드에서 출력되는 결과들에 대하여는 다음 장들에서 자세히 설명할 것이다. 또한 앞에서와 유사한 방법으로 **텍스트 필터**(Text Filter) 노드와 **텍스트 클러스터**(Text Cluster) 노드를 실행하고 그 결과를 살펴보기 바란다.

참고로 SAS Text(Enterprise) Miner의 결과 윈도에서는 다음과 같은 작업들을 수행할 수 있다(그림 2.13 참조).

- 테이블과 그래프 보기: 풀다운 메뉴의 '보기(V) > 테이블' 메뉴를 사용하여 특정 그래프와 연결되어 있는 테이블을 나타나게 할 수 있다. 유사하게 '보기(V) > 그래프' 메뉴를 사용하여 특정 테이블과 연결되어 있는 그래프를 나타나게 할 수 있다.
- 그래프 저장: 풀다운 메뉴의 '파일(F) > 다른 이름으로 저장(A)' 메뉴를 사용하여 특정 그래프를 bmp 등의 형식으로 저장할 수 있다.
- 테이블 저장: 풀다운 메뉴의 '파일(F) > 다른 이름으로 저장(A)' 메뉴를 사용하여 특정 테이블을 SAS 데이터셋으로 저장할 수 있다.

2.5 다이어그램 수정

이 절에서는 ⟨그림 2.14⟩에서와 같이 다이어그램을 수정하여 실행하고 그 결과를 살펴보도록 하자.

① 다이어그램 작업영역에 ⟨그림 2.14⟩에서와 같이 **메타데이터**(Metadata) 노드와 **텍스트 프로파일**(Text Profile) 노드를 추가하여라.

② **메타데이터**(Metadata) 노드의 속성 패널에서 **분석**(Train) 필드의 '...' 버튼을 클릭하면, ⟨그림 2.15⟩와 같은 '변수 설정' 대화상자가 나타난다. 이 대화상자에서 변수 Target1의 '새로운 역할' 필드를 Target으로 설정하여라. **메타데이터**(Metadata) 노드는 이와 같이 기존에 설정되어 변수들의 역할 등을 변경할 때 이용되는 노드이다. 이 예에서는 **텍스트 프로파일**(Text Profile) 노드를 수행하기 위해서 목표변수(target variable)가 필요하기 때문에 이렇게 변경하였다.

③ 다이어그램에서 **텍스트 프로파일**(Text Profile) 노드를 실행하면 ⟨그림 2.16⟩과 같은 결과가 출력된다.

⟨그림 2.16⟩에 출력된 **텍스트 프로파일**(Text Profile) 노드의 결과들을 개략적으로 살펴보기 바란다.

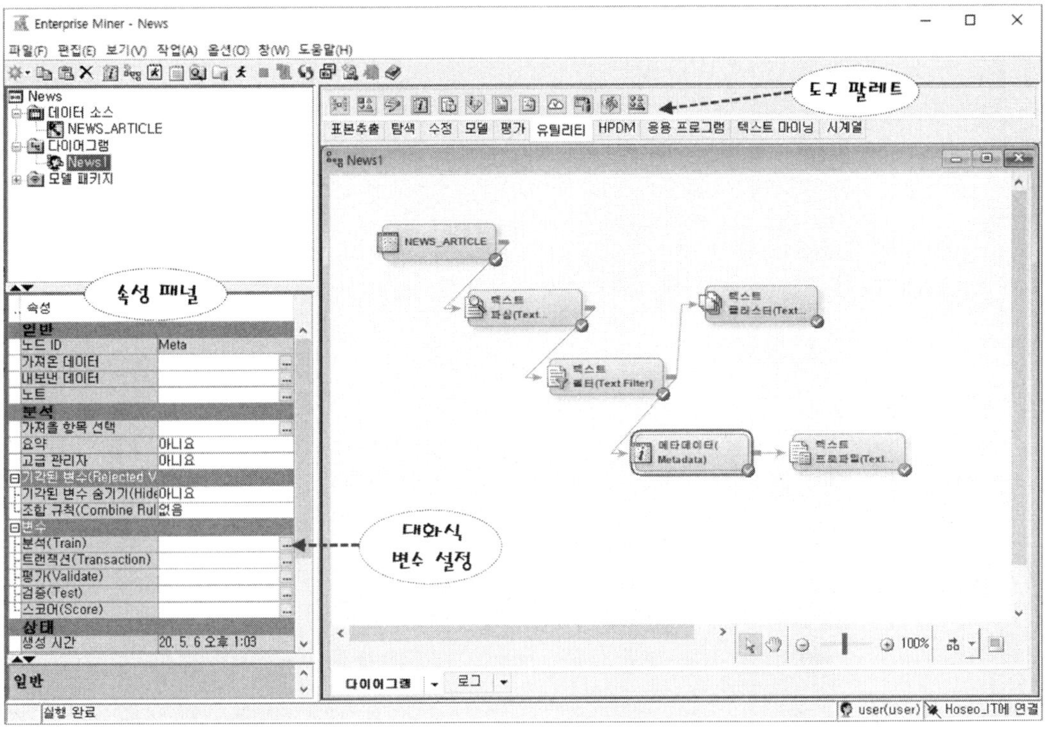

〈그림 2.14〉 수정된 다이어그램

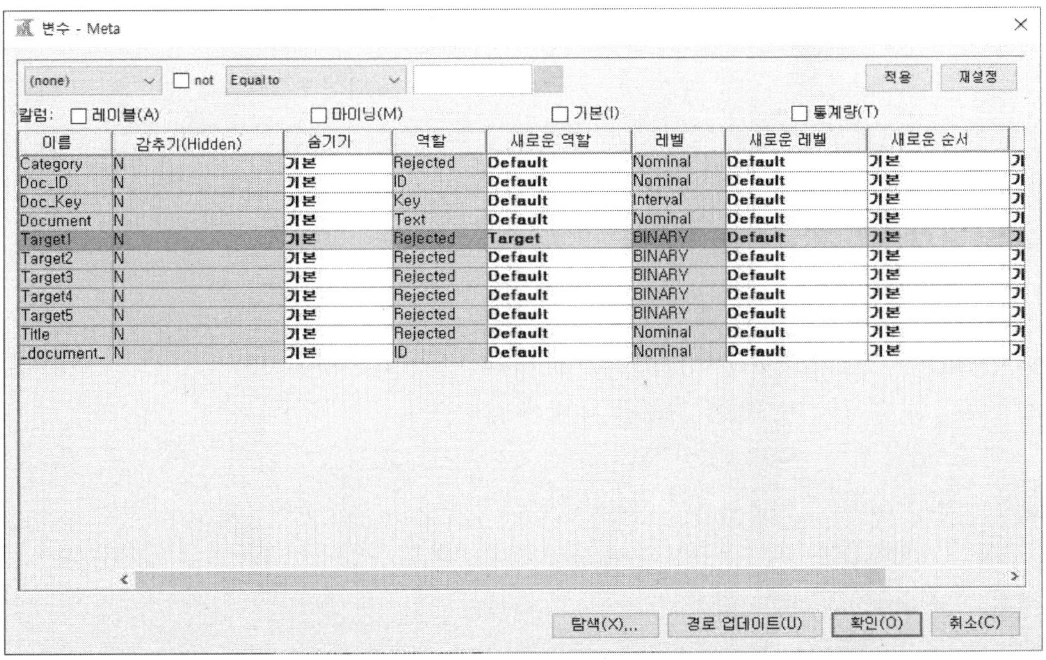

이름	감추기(Hidden)	숨기기	역할	새로운 역할	레벨	새로운 레벨	새로운 순서
Category	N	기본	Rejected	Default	Nominal	Default	기본
Doc_ID	N	기본	ID	Default	Nominal	Default	기본
Doc_Key	N	기본	Key	Default	Interval	Default	기본
Document	N	기본	Text	Default	Nominal	Default	기본
Target1	N	기본	Rejected	Target	BINARY	Default	기본
Target2	N	기본	Rejected	Default	BINARY	Default	기본
Target3	N	기본	Rejected	Default	BINARY	Default	기본
Target4	N	기본	Rejected	Default	BINARY	Default	기본
Target5	N	기본	Rejected	Default	BINARY	Default	기본
Title	N	기본	Rejected	Default	Nominal	Default	기본
document	N	기본	ID	Default	Nominal	Default	기본

〈그림 2.15〉 메타데이터(Metadata) 노드의 '변수 설정' 대화상자

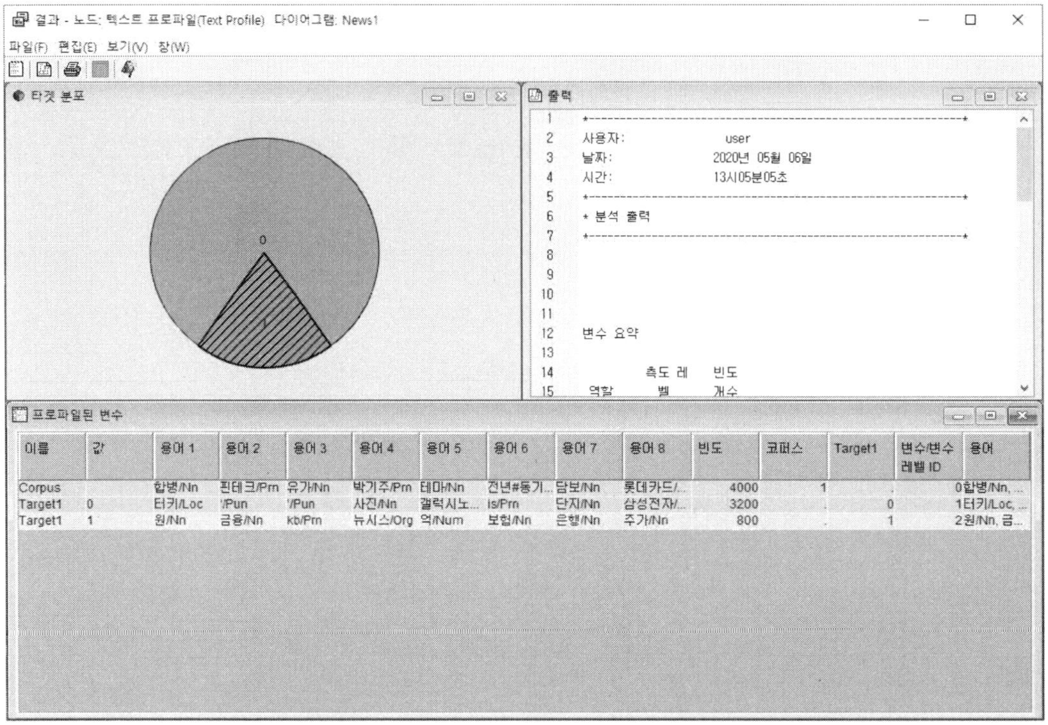

〈그림 2.16〉 텍스트 프로파일(Text Profile) 노드의 결과

예를 들어, '프로파일된 변수' 테이블에서 'Target1=1'(금융) 범주를 대표하는 용어들로 '원, 금융, kb, 뉴시스, 억, 보험, 은행, 주가' 등이 추출되어 있음을 볼 수 있다. 이러한 결과들에 대하여는 7장에서 자세히 설명할 것이다.

2.6 내보낸 데이터셋 저장

SAS 코드(Code) 노드는 프로그램을 사용하여 추가적인 SAS의 기능을 사용할 수 있는 노드이다. 이 절에서는 텍스트 클러스터(Text Cluster) 노드에 의해서 생성된 SAS 데이터셋을 특정한 폴더에 저장하는 사례를 다루어 보자.

먼저 〈그림 2.17〉에서와 같이 SAS 코드(Code) 노드를 텍스트 클러스터(Text Cluster) 노드에 연결하여라.[8]

그 다음 SAS 코드(Code) 노드의 속성 패널에서 코드 편집기(Code Editer) 필드의 '· · ·' 버튼을 클릭하면, 〈그림 2.18〉과 같은 '코드 편집기'가 나타난다. '코드 편집기'의 '분석용 코드' 영역에 〈예 2.1〉 같이 프로그램을 작성하여라.

[8]SAS 코드(Code) 노드는 도구 팔레트의 유틸리티 영역에 포함되어 있다.

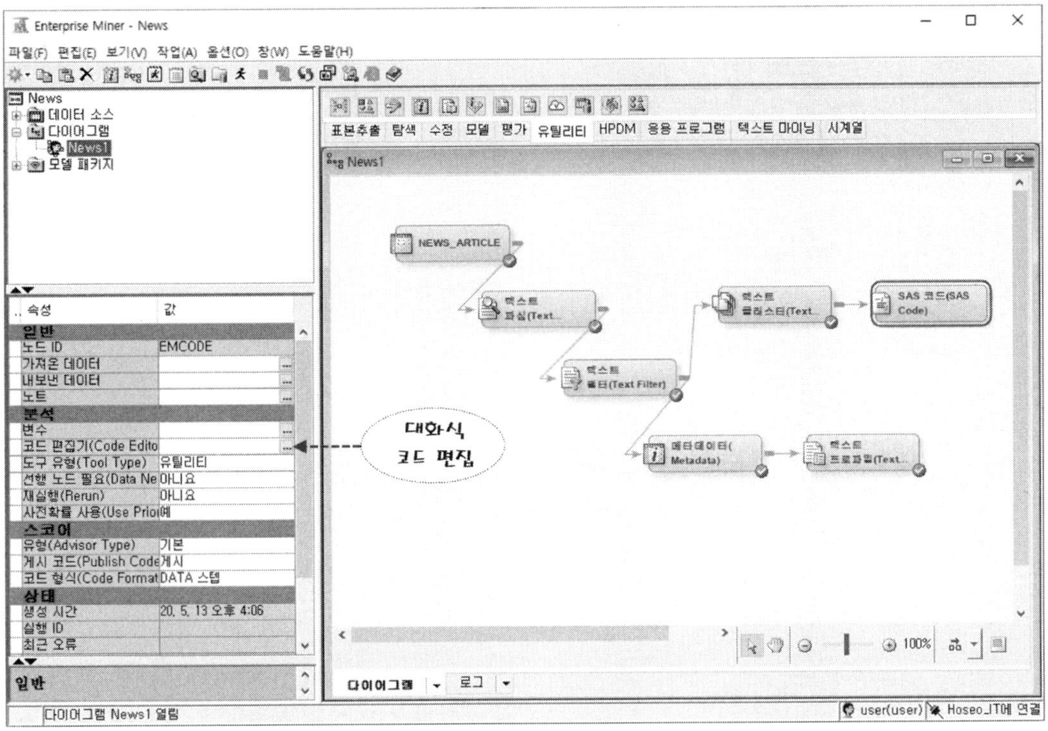

〈그림 2.17〉 SAS 코드(Code) 노드의 속성 패널

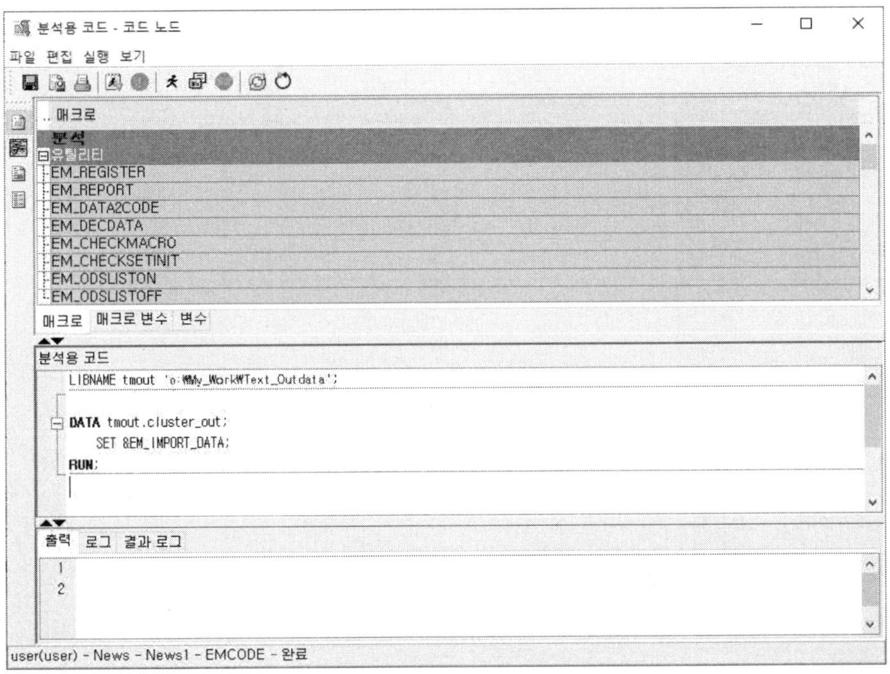

〈그림 2.18〉 SAS 코드 편집기

〈그림 2.19〉 SAS 데이터셋 – cluster_out.sas7bdat

〈예 2.1〉 내보낸 데이터셋을 저장하는 SAS 코드

```
LIBNAME tmout 'c:\My_Work\Text_Outdata';

DATA tmout.cluster_out;
    SET &EM_IMPORT_DATA;
RUN;
```

이 프로그램에서 매크로 변수 &EM_IMPORT_DATA는 연결된 노드에서 SAS 코드(Code) 노드로 넘어오는 분석 데이터셋의 이름을 지칭한다.

코드 편집기를 닫고 SAS 코드(Code) 노드를 실행하면 'c:\My_Work\Text_Outdata' 폴더에 'cluster_out.sas7bdat'라는 SAS 데이터셋이 생성된다(그림 2.19 참조). 사용자는 이러한 데이터셋을 이용하여 추가적인 분석을 수행할 수 있다.

제 3 장
텍스트 파싱

Text Parsing

이 장에서는 텍스트 파싱(Text Parsing) 노드를 활용하여 텍스트 데이터로부터 용어(term)를 추출하는 내용을 설명한다.

3.1 텍스트 파싱(Text Parsing) 노드

일반적으로 텍스트마이닝은 텍스트 데이터를 형태소로 분해하고, 분석할 가치가 있는 용어(단어)를 추출하는 것으로 시작한다. 여기에서 **형태소**(morpheme)는 뜻을 가진 가장 작은 말의 단위를 의미하며(예를 들어, '이야기책'의 '이야기', '책' 따위이다), **용어**(term)는 형태소 또는 그들의 결합으로서 텍스트 분석의 대상이 되는 단위를 의미한다.

⟨그림 3.1⟩은 텍스트 파싱(Text Parsing) 노드의 속성 패널을 보여주고 있는데, 여기에서 지정할 수 있는 주요 속성들은 다음과 같다.

○ 언어(Language)

형태소 분석을 수행할 언어(영어 또는 한국어 등)를 선택한다. SAS Text Miner에는 설치 환경에 따라 해당 언어의 용어(단어) 사전이 내장되어 있다.

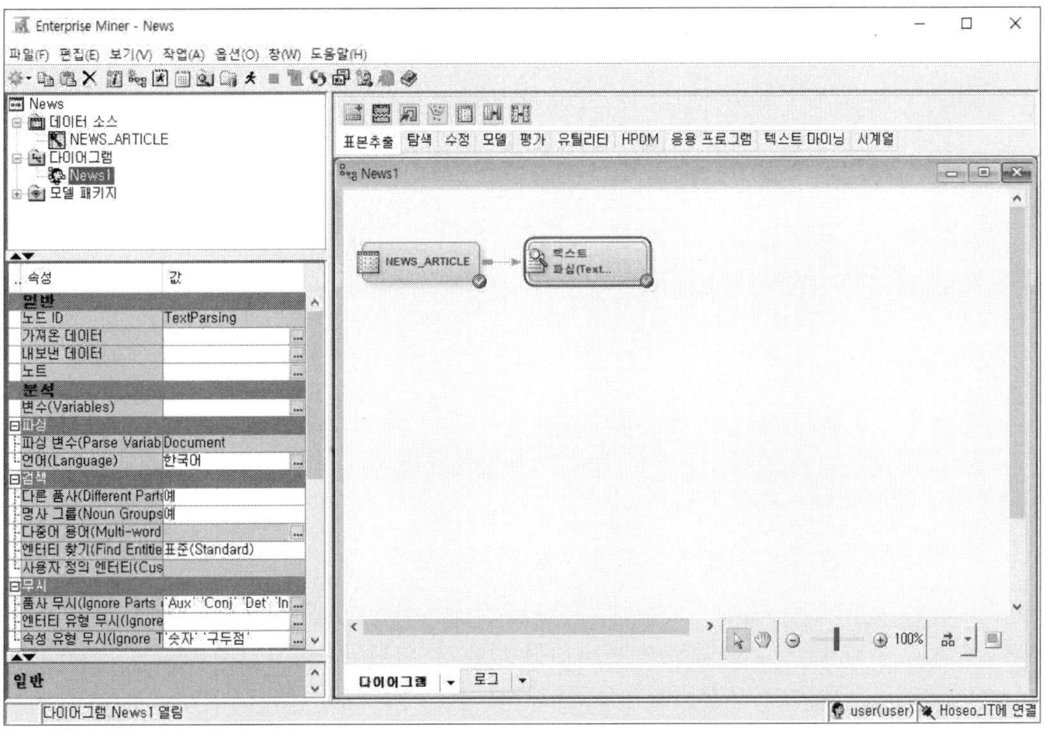

⟨그림 3.1⟩ 텍스트 파싱(Text Parsing) 노드의 속성 패널

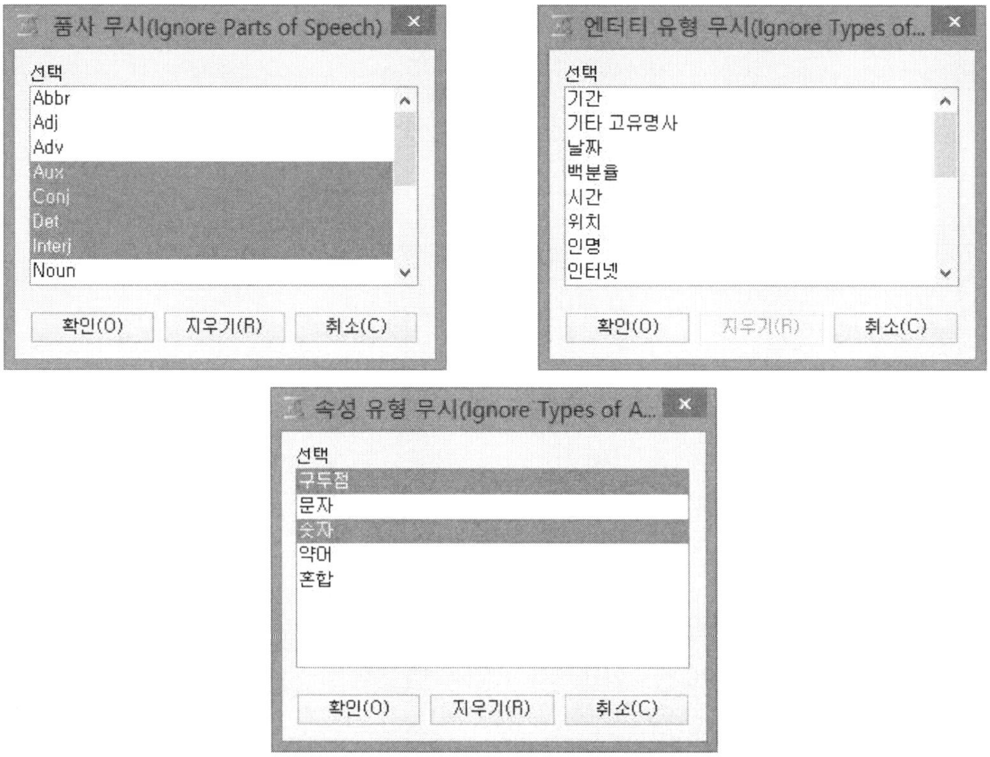

〈그림 3.2〉 선택 윈도 – 품사 무시, 엔터티 유형 무시, 속성 유형 무시

○ 다른 품사(Different Parts of Speech)

파싱이 완료된 후 용어의 품사를 확인하고, 동일한 용어이지만 다른 품사를 갖는 경우에 각각 다른 용어로 처리할 것인지의 여부를 지정한다.

○ 명사 그룹(Noun Groups)

복합명사를 별도의 용어로 구분하여 처리할 것인지의 여부를 지정한다.

○ 엔터티 찾기(Find Entities)

엔터티(entity)는 형태소는 아니지만 이름, 단위, 날짜, 고유명사 등 일상적으로 사용되는 용어를 의미한다. – '안함'(None)은 엔터티를 찾지 않는다. '표준'(Standard)은 기본적으로 가지고 있는 목록에 근거하여 엔터티를 찾는다. '사용자 정의'(Custom)는 사용자가 지정한 목록에 근거하여 엔터티를 찾는다. 이때 '사용자 정의 엔터티'(Custom Entities) 속성에 목록이 저장되어 있는 파일의 경로와 이름을 입력할 수 있다. '모두'(All)는 표준과 사용자 정의 엔터티를 모두 찾는다.

○ 품사 무시(Ignore Parts of Speech)

파싱을 하는 과정에서 무시할 품사들을 선택한다. 디폴트로는 Aux(조동사), Conj(접속사), Det(한정사), Interj(감탄사), Part(부정사, 소유격), Prep(전치사), Pron(대명사) 등이 선택되어 있다(그림 3.2 참조). 지정할 수 있는 품사의 종류는 다음과 같다.

- Abbr: 약어(abbreviation)
- Adj: 형용사(adjective)
- Adv: 부사(adverb)
- Aux: 조동사(auxiliary, modal)
- Conj: 접속사(conjunction)
- Det: 한정사(determiner)
- Interj: 감탄사(interjection)
- Noun: 명사(noun)
- Num: 수를 나타내는 용어(number, numeric expression)
- Part: 부정사, 소유격 등(infinitive marker, negative participle, possessive marker)
- Pref: 접두사(prefix)
- Prep: 전치사(preposition)
- Pron: 대명사(pronoun)
- Prop: 고유명사(proper noun)
- Verb: 동사(verb)
- Verbadj: 동사형 형용사(verb adjective)

○ 엔터티 유형 무시(Ignore Types of Entities)

파싱을 하는 과정에서 무시할 엔터티 유형을 선택한다(그림 3.2 참조). 지정할 수 있는 엔터티 유형은 다음과 같다.

- Time_period: 기간(measure of time expressions)
- Prop_misc: 기타 고유명사(proper noun with an ambiguous classification)
- Date: 날짜(date, day, month, year)
- Percent: 백분율(percentage, percentage expression)
- Time: 시간(time, time expression)
- Location: 위치(city, country, state, geographical place, political place)
- Person: 인명(person's name)
- Internet: 인터넷(email address, url)

- Phone: 전화(phone number)
- Product: 제품(product name)
- Organization: 조직(government, legal, service agency)
- SSN: 주민등록번호(Social Security number)
- Address: 주소(postal address, number and street name)
- Title: 직위(person's title, position)
- Vehicle: 차량(motor vehicle including color, year, make, and model)
- Measure: 측도(measurement, measurement expression)
- Currency: 통화(currency, currency expression)
- Company: 회사(company name)

○ 속성 유형 무시(Ignore Types of Attributes)

파싱을 하는 과정에서 무시할 속성 유형을 선택한다. 디폴트로는 구두점과 숫자가 선택되어 있다(그림 3.2 참조). 지정할 수 있는 속성 유형은 다음과 같다.

- Punct: 구두점(punctuation character)
- Alpha: 알파/문자(characters are all letters)
- Num: 숫자(characters include a number)
- Abbr: 약어(abbreviation)
- Mixed: 혼합(characters include a mix of letters, punctuation, and white space)

○ 어간(Stem Terms)

같은 어근을 갖는 용어들을 하나의 용어로 취급할지의 여부를 지정한다. 예를 들어, 이 속성을 '예'로 지정하면 '보다', '보니', '보고', '보는데' 등의 단어들을 같은 어간인 '보–(보다)'로 취급한다.

○ 유의어(Synonyms)

'어린이/아이', '아버지/아빠', '책방/서점' 등의 유의어를 하나의 용어로 취급할지의 여부를 지정한다. 기본적으로 가지고 있는 유의어 목록이 사용되며, 사용자 정의 목록이 저장되어 있는 SAS 데이터셋을 등록하거나 수정할 수 있다.

○ START 리스트(Start List)

파싱에 사용할 용어들이 저장되어 있는 SAS 데이터셋을 등록하거나 수정할 수 있다. 여기에 포함되지 않는 용어들은 노드 결과에 제시되지 않는다.

○ **STOP 리스트(Stop list)**

파싱에서 제외될 용어들이 저장되어 있는 SAS 데이터셋을 등록하거나 수정할 수 있다. 여기에 포함된 용어들은 노드 결과에 제시되지 않는다. 'START 리스트'와 'STOP 리스트'는 하나만 적용할 수 있다.

○ **표시할 용어 개수(Number of Terms to Display)**

노드 결과에 제시될 용어의 최대 개수를 지정한다(디폴트: 20,000). 빈도가 많은 용어들이 주어진 개수 이하로 결과 윈도에 제시된다.

3.2 노드 결과

이 장의 사례에서는 속성패널에서 언어(Language) 속성을 '한국어'로 지정하고, 엔터티 찾기(Find Entities) 속성을 '표준(Standard)'으로 지정하였다.

텍스트 파싱(Text Parsing) 노드를 수행하면 〈그림 3.3〉과 같은 결과 윈도들이 출력된다. 여기에서는 이 윈도들의 내용을 간단히 설명하도록 한다.

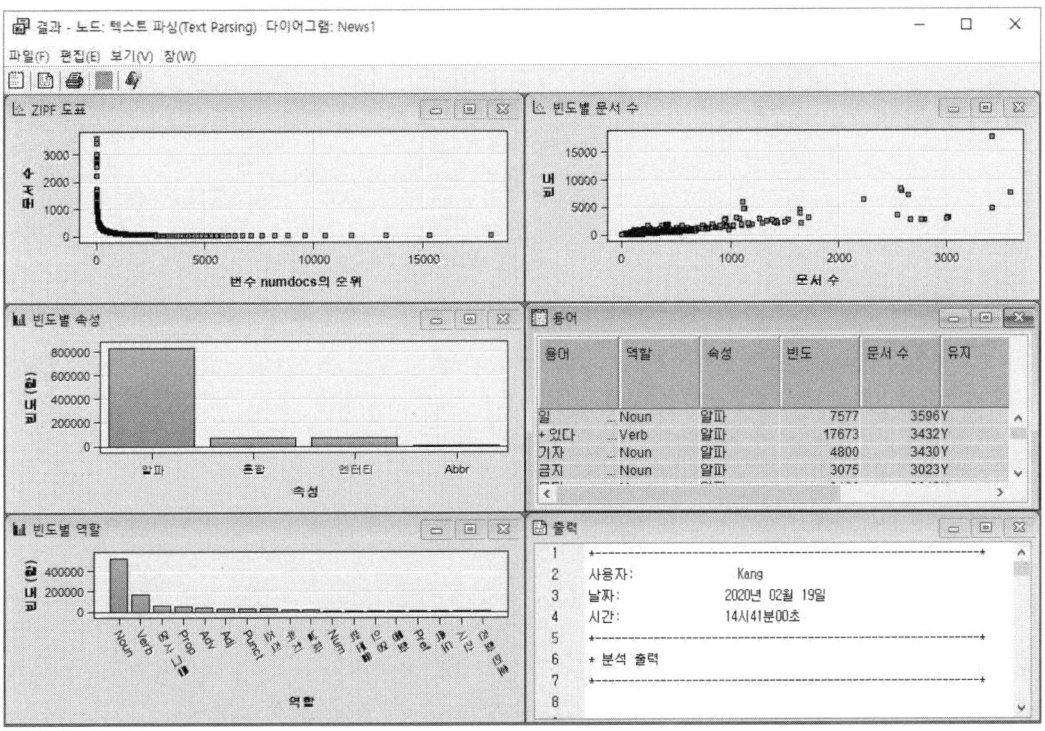

〈그림 3.3〉 텍스트 파싱(Text Parsing) 노드의 결과 윈도

용어	역할	속성	빈도	문서 수	유지	상위/하위 상태	상위 ID	변수 numdocs의 순위
일	... Noun	알파	7577	3596	Y		60415	1
+ 있다	... Verb	알파	17673	3432	Y	+	102411	2
기자	... Noun	알파	4800	3430	Y		14524	3
금지	... Noun	알파	3075	3023	Y		20254	4
무단	... Noun	알파	3126	3012	Y		78735	5
전재	... Noun	알파	3000	2999	Y		88506	6
재배포	... Noun	알파	2793	2792	Y		970	7
+ 무단#전재...	명사 그룹	혼합	2774	2773	Y	+	115519	8
+ 재배포#금...	명사 그룹	혼합	2759	2758	Y	+	45849	9
©	... Punct	알파	2749	2662	Y		59168	10
등	... Noun	알파	7157	2638	Y		14519	11
+ 하다	... Verb	알파	7977	2582	Y	+	46237	12
+ 것	... Noun	알파	8357	2573	Y	+	32781	13
및	... Adv	알파	3547	2547	Y		73529	14
수	... Noun	알파	6369	2234	Y		118776	15
+ 되다	... Verb	알파	3190	1722	Y	+	22559	16
+ 밝히다	... Verb	알파	2203	1654	Y	+	88966	17
년	... Noun	알파	4499	1647	Y		43649	18
월	... Noun	알파	4013	1647	Y		43167	18
중	... Noun	알파	2741	1534	Y		6550	20
+ 따르다	... Verb	알파	2331	1507	Y	+	103806	21
+ 지나다	... Verb	알파	2167	1435	Y	+	49186	22
+ 말하다	... Verb	알파	2098	1431	Y	+	116236	23
+ 위하다	... Verb	알파	2439	1426	Y	+	73924	24
+ 통하다	... Verb	알파	2325	1404	Y	+	95897	25
+ 않다	... Verb	알파	2652	1388	Y	+	14768	26
+ 대하다	... Verb	알파	2471	1342	Y	+	87134	27
+ 받다	... Verb	알파	2073	1300	Y	+	117393	28
+ 보다	... Verb	알파	2815	1271	Y	+	79261	29
사진	... Noun	알파	1956	1204	Y		31481	30

〈그림 3.4〉 용어 테이블

3.2.1 용어 테이블

텍스트 파싱에 의해서 추출된 용어들을 테이블의 형태로 출력한다. 〈그림 3.4〉는 첫 30개의 용어를 제시한 것이며, 이 테이블에서 주요 칼럼의 내용은 다음과 같다.

- 용어(Term): 추출된 용어가 제시된다.
- 역할(Role): 용어들의 품사가 제시된다.
- 속성(Attribute): 용어들의 속성이 제시된다.
- 빈도(Frequency): 용어들이 나타난 빈도가 제시된다.
- 문서 수(Number of Documents): 용어들이 나타난 문서 수가 제시된다.
- 유지(Keep): 용어를 결과에 유지할 것인지의 여부
- 변수 numdocs의 순위(Rank): 용어가 추출된 문서 수에 따라서 순위가 제시된다.

- 상위/하위 상태(Parent/Child Status): 용어의 포함 관계를 나타낸다. +(더하기 기호)는 용어가 부모(parent)임을 나타내고, 결측값은 그렇지 않음을 나타낸다.
- 상위 ID(Parent ID): 용어가 자식(child)일 경우 부모(parent) 용어의 고유번호, 그렇지 않을 경우 자신의 고유번호.

예를 들어, 〈그림 3.4〉에서 '일'이라는 용어는 3,596개의 문서에 나타나고 있으며, 출현 빈도는 7,577이다(한 문서에 2번 이상 출현할 수 있음). 그리고 이 용어의 역할은 Noun(명사)이고, 속성은 알파(문자로만 이루어진 용어)이다.

또한 이 테이블에는 속성이 구두점이나 숫자인 용어는 제시되지 않고 있는데, 이는 앞의 '속성 유형 무시'에서 이들이 추출되지 않도록 지정되어 있기 때문이다.

한편, 텍스트 파싱(Text Parsing) 노드에서는 어간 처리나 유의어 분석 등을 통해 용어들을 부모와 자식 관계로 연결한다. 예를 들어, '보다'가 부모이고 '보니', '보고', '보는데' 등이 자식일 수 있다. 다른 예로서, '재배포♯금지'가 부모이고 '재배포금지', 재배포/금지', '재배포 금지' 등이 자식일 수 있다.

3.2.2 도표

〈그림 3.3〉에서 볼 수 있는 바와 같이 텍스트 파싱(Text Parsing) 노드는 다음과 같은 도표들을 출력한다.

- ZIPF 도표(ZIPF Plot): 용어 테이블의 '변수 numdocs의 순위' 칼럼을 수평축으로 하고 '문서 수' 칼럼을 수직축으로 하여 작성된 산점도이다.
- 빈도별 문서 수(Number of Documents by Frequency): 용어 테이블의 '문서 수' 칼럼을 수평축으로 하고 '빈도' 칼럼을 수직축으로 하여 작성된 산점도이다.
- 빈도별 속성(Role by Freq): 각 속성별 빈도가 막대도표의 형태로 출력된다. 예를 들어, 〈그림 3.3〉에서 가장 빈도가 높은 속성은 '알파'이다.
- 빈도별 역할(Attribute by Frequency): 각 역할별 빈도가 막대도표의 형태로 출력된다. 예를 들어, 〈그림 3.3〉에서 가장 빈도가 높은 역할은 'Noun'(명사)이다.

3.3 용어-문서 빈도 행렬

각 용어가 각 문서에서 출현한 빈도를 이용하여 〈표 3.1〉과 같은 형태의 테이블을 구성할 수 있는데, 이를 용어-문서 빈도 행렬(term-document frequency matrix)이라고 한다. 여기에서 a_{ij}는 i번째 용어가 j번째 문서에서 출현한 빈도를 나타낸다.

〈표 3.1〉 용어-문서 빈도 행렬

	문서 1	문서 2	$\cdots$	문서 j	$\cdots$	문서 M
용어 1	a_{11}	a_{12}	$\cdots$	a_{1j}	$\cdots$	a_{1M}
용어 2	a_{21}	a_{22}	$\cdots$	a_{2j}	$\cdots$	a_{2M}
$\vdots$	$\vdots$	$\vdots$	$\vdots$	$\vdots$	$\vdots$	$\vdots$
용어 i	a_{i1}	a_{i2}	$\cdots$	a_{ij}	$\cdots$	a_{iM}
$\vdots$	$\vdots$	$\vdots$	$\vdots$	$\vdots$	$\vdots$	$\vdots$
용어 N	a_{N1}	a_{N2}	$\cdots$	a_{Nj}	$\cdots$	a_{NM}

대부분의 텍스트 마이닝 작업은 이러한 용어-문서 빈도 행렬에 기초하게 되는데, 이때 몇 가지 문제점이 존재한다. (1) 용어-문서 행렬은 고차원의 형태를 가진다. 즉, N(행의 수) 또는 M(열의 수)이 매우 크게 된다(high dimensional data). (2) 많은 용어들이 한두 개의 문서에만 나타나기 때문에, 대부분의 빈도가 0의 값을 가진다(sparse data). (3) 몇 개의 용어들은 많은 문서에서 여러 번 나타나기 때문에, 소수의 용어들은 매우 큰 빈도를 가진다(Zipf's law).[1] 따라서 분석을 수행함에 있어 무의미한 용어가 매우 중요하게 간주되게 하는 마찰이 생길 수 있다.

이와 같은 특징때문에 용어-문서 빈도 행렬에 대하여 필요한 수학적 연산을 적용하는 것이 쉽지 않거나, 연산의 결과가 분석의 목적에 맞지 않을 수 있다. 따라서 대부분의 텍스트 마이닝 작업에서는 용어-문서 빈도 행렬을 적절하게 변환하여 사용한다. 이러한 변환 절차에 대하여는 이후의 장들에서 자세히 설명할 것이다.

[1]지프의 법칙(Zipf's law)에 따르면 어떤 자연어 말뭉치 표현에 나타나는 단어들을 그 사용 빈도가 높은 순서대로 나열하였을 때, 모든 단어의 사용 빈도는 해당 단어의 순위에 반비례한다. 따라서 가장 사용 빈도가 높은 단어는 두 번째 단어보다 빈도가 약 두 배 높으며, 세 번째 단어보다는 빈도가 세 배 높다. 즉, 빈번하게 등장하는 단어일수록 내재된 정보의 가치는 희박하다고 볼 수 있다.

예를 들어, 브라운 대학교 현대 미국 영어 표준 말뭉치의 경우, 가장 사용 빈도가 높은 단어는 정관사 'the'이며 전체 문서에서 7% 정도의 빈도를 차지한다. 두 번째로 사용 빈도가 높은 단어는 'of'로 약 3.5% 정도의 빈도를 차지하며, 세 번째로 사용 빈도가 높은 단어는 'and'(약 2.9%)이다. 약 135개의 어휘만으로 브라운 대학 말뭉치의 절반을 나타낼 수 있다(위키백과, https://ko.wikipedia.org).

지프의 법칙에 따르면 N개의 용어들 가운데 순위가 k 번째인 용어의 사용빈도 $f(k;s,N)$는 다음과 같다.

$$f(k;s,N) = \frac{1/k^s}{\sum_{n=1}^{N}(1/n^s)}$$

여기에서 N은 전체 용어의 수, k는 특정 용어의 순위, s는 분포의 특징을 나타내는 지수값이다.

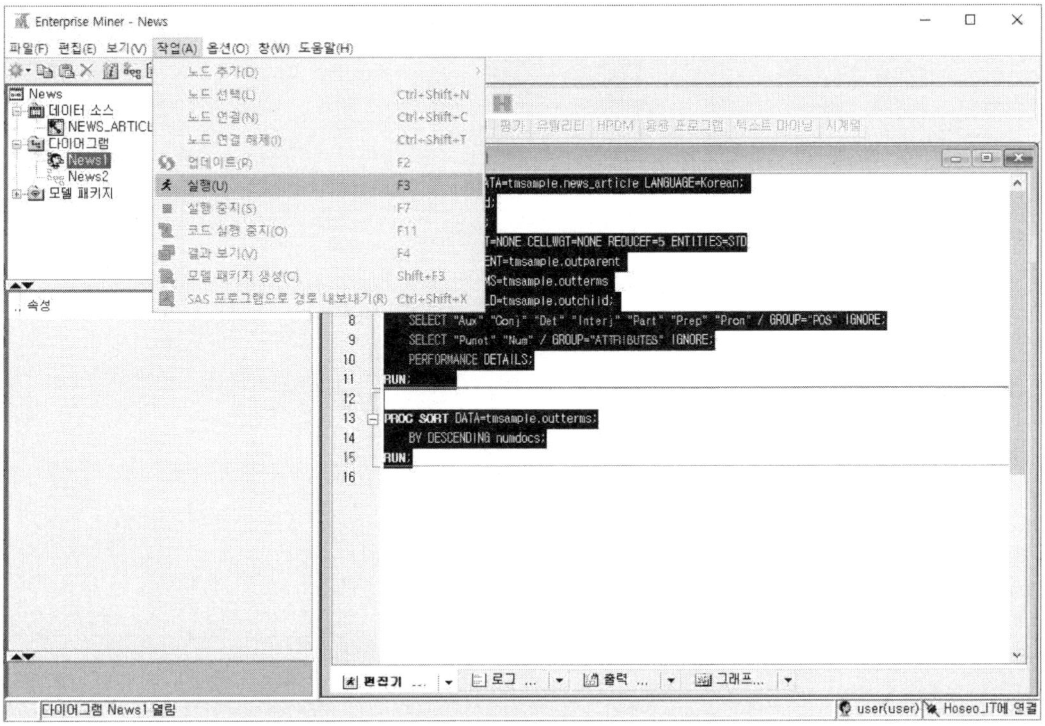

〈그림 3.5〉 SAS 프로그램 편집기

3.4 HPTMINE 프로시저

텍스트 파싱(Text Parsing) 노드를 이용한 작업은 HPTMINE 프로시저를 이용하여 프로그램 방식으로도 가능하다. 또한 HPTMINE 프로시저를 이용하면 텍스트 파싱의 결과를 SAS 데이터셋으로 저장할 수 있다는 장점이 있다.

3.4.1 HPTMINE 프로시저의 사용 사례

다음과 같은 과정을 수행하여 텍스트 파싱을 위한 SAS 프로그램을 작성하고 실행하여 보자.

① 풀다운 메뉴에서 '보기(V) > 프로그램 편집기(G)' 메뉴를 클릭하여 프로그램 편집기가 나타나게 한다.

② 프로그램 편집기에서 〈예 3.1〉과 같이 프로그램을 작성한다.

③ 실행하고자 하는 프로그램의 영역을 마우스로 선택한 후, 풀다운 메뉴에서 '작업(A) > 실행(U)' 메뉴를 클릭하여 프로그램을 실행시킨다.

⟨예 3.1⟩ 텍스트 파싱을 위한 HPTMINE 프로시저의 사용 사례 [2]

```
PROC HPTMINE DATA=tmsample.news_article LANGUAGE=Korean;
    VAR document;
    DOC_ID doc_id;
    PARSE TERMWGT=NONE CELLWGT=NONE REDUCEF=4 ENTITIES=STD
          OUTTERMS=tmsample.outterms
          OUTPARENT=tmsample.outparent
          OUTCHILD=tmsample.outchild;
    SELECT "Aux" "Conj" "Det" "Interj" "Part" "Prep" "Pron"
           / GROUP="POS" IGNORE;
    SELECT "Punct" "Num" / GROUP="ATTRIBUTES" IGNORE;
    PERFORMANCE DETAILS;
RUN;

PROC SORT DATA=tmsample.outterms;
    BY DESCENDING numdocs;
RUN;
```

⟨예 3.1⟩에서 볼 수 있는 바와 같이 HPTMINE 프로시저에서는 다음과 같은 명령문과 옵션을 사용할 수 있다.

○ PROC HPTMINE 명령문

- DATA=: 텍스트가 저장되어 있는 SAS 데이터셋을 지정한다.
- LANGUAGE=: English(영어), Korean(한국어) 등 언어를 지정한다.

○ VAR 명령문

- 분석 대상이 되는 텍스트 변수를 지정하며, 이 명령문은 반드시 사용해야 한다.

○ DOC_ID 명령문

- ID 변수를 지정하며, 이 명령문은 사용하지 않아도 무방하다.

○ PARSE 명령문

- TERMWGT=: 용어 가중화 방법을 지정한다(4장 참조). 단순히 용어-문서 빈도 행렬을 얻기 위해서는 NONE 옵션을 지정해야 한다.
- CELLWGT=: 빈도 가중화 방법을 지정한다(4장 참조). 단순히 용어-문서 빈도 행렬을 얻기 위해서는 NONE 옵션을 지정해야 한다.

[2]SAS Text Miner를 종료하기 전에 풀다운 메뉴에서 '파일(F) > 다른 이름으로 저장' 메뉴를 클릭하여 프로그램을 저장하기 바란다.

- REDUCEF=n: 전체 문서에서 나타난 빈도가 n보다 작은 용어들은 결과에서 제외된다 (디폴트: n=4).
- ENTITIES=: 엔터티에 대한 처리 방법을 지정한다. NONE 옵션을 지정하면 엔터티를 찾지 않으며, STD 옵션을 지정하면 기본적으로 가지고 있는 목록에 근거하여 엔터티를 찾는다.
- NONOUNGROUPS: 복합명사를 별도의 용어로 구분하여 처리하지 않는다.
- NOSTEMMING: 어간/어근 처리를 수행하지 않는다.
- OUTTERMS=: 용어 테이블의 내용이 저장될 SAS 데이터셋을 지정한다.
- OUTPARENT=: 용어-문서 빈도 행렬의 내용이 저장될 SAS 데이터셋을 지정한다. 이 데이터셋에는 부모 역할을 가진 용어들의 결과만 저장된다.
- OUTCHILD=: 용어-문서 빈도 행렬의 내용이 저장될 SAS 데이터셋을 지정한다. 이 데이터셋에는 부모와 자식 역할을 가진 모든 용어들의 결과가 저장된다.

○ SELECT 명령문

- 분석에 포함되거나 제외될 품사, 엔터티, 속성을 지정한다. 이때 각 목록은 이중인용부호로 감싸줘야 한다.
- GROUP="POS"|"ENTITIES"|"ATTRIBUTES": 나열된 목록이 품사(parts of speech), 엔터티(entities), 속성(attributes) 중 무엇인지를 지정한다. 즉, SELECT 명령문은 이들 각각에 대하여 개별적으로 사용해야 한다.
- IGNORE: 이 옵션이 사용되면 나열된 목록들이 분석에서 무시된다. 즉, 나열되지 않은 것들이 분석에 사용된다.
- KEEP: 이 옵션이 사용되면 나열된 목록들만 분석에 사용된다. 즉, 나열되지 않은 것들이 분석에서 무시된다.

3.4.2 OUTTERMS 데이터셋

HPTMINE 프로시저에서는 OUTTERMS, OUTPARENT, OUTCHILD 옵션에 의해 여러 개의 SAS 데이터셋을 출력한다.

OUTTERMS 데이터셋에는 추출된 용어들이 저장되어 있으며(표 3.2에는 문서 수가 큰 첫 10개만을 제시하였다), 다음과 같은 변수들이 포함되어 있다(3.2.1절의 용어 테이블의 내용과 유사하다).

- Term: 추출된 용어
- Role: 용어의 역할(품사, 엔터티)

〈표 3.2〉 OUTTERMS 데이터셋(일부)

OBS	Term	Role	Attribute	Freq	Numdocs	_keep
1	일	Noun	Alpha	7577	3596	Y
2	있다	Verb	Alpha	17673	3432	Y
3	기자	Noun	Alpha	4800	3430	Y
4	금지	Noun	Alpha	3075	3023	Y
5	무단	Noun	Alpha	3126	3012	Y
6	전재	Noun	Alpha	3000	2999	Y
7	있다	Verb	Alpha	7864	2803	Y
8	재배포	Noun	Alpha	2793	2792	Y
9	무단♯전재	NOUN_GROUP	Mixed	2774	2773	Y
10	재배포♯금지	NOUN_GROUP	Mixed	2759	2758	Y

OBS	Key	Parent	Parent_id	_ispar	Weight
1	9082	.	9082		1
2	15407	.	15407	+	1
3	2210	.	2210		1
4	3075	.	3075		1
5	11929	.	11929		1
6	13326	.	13326		1
7	15407	15407	15407	.	1
8	164	.	164		1
9	17337	.	17337	+	1
10	6882	.	6882	+	1

- Attribute: 용어의 속성
- Frequency: 용어가 나타난 빈도
- Numdocs: 용어가 나타난 문서 수
- _keep: 용어를 결과에 유지할 것인지의 여부
- Key: 각 용어에 SAS가 부여한 고유번호
- Parent: 용어가 자식(child)일 경우 부모(parent) 용어의 고유번호
- Parent_id: 용어가 자식일 경우 부모 용어의 고유번호, 그렇지 않을 경우 자신의 고유번호
- _ispar: 용어의 포함 관계. +(더하기 기호)는 용어가 부모임을 나타내고, 결측값은 그렇지 않음을 나타낸다(즉, 자식이거나 포함관계가 없음을 나타낸다).
- Weight: 용어 가중치(이 예에서는 모두 1로 되어 있다).

〈표 3.3〉 OUTPARENT 데이터셋(일부)

OBS	_TERMNUM_	_DOCUMENT_	_COUNT_
1	164	9fb92c5f16e03eb1	1
2	595	9fb92c5f16e03eb1	1
3	751	9fb92c5f16e03eb1	1
4	1315	9fb92c5f16e03eb1	1
5	1703	9fb92c5f16e03eb1	1
6	1952	9fb92c5f16e03eb1	1
7	2207	9fb92c5f16e03eb1	3
8	2210	9fb92c5f16e03eb1	1
9	2702	9fb92c5f16e03eb1	3
10	3003	9fb92c5f16e03eb1	1

3.4.3 OUTPARENT, OUTCHILD 데이터셋

이들 데이터셋에는 용어-문서 빈도 행렬의 내용이 저장된다(표 3.3에는 첫 번째 문서의 10개만을 제시하였다). OUTPARENT 데이터셋에는 부모 역할을 가진 용어들의 결과만 저장되며, OUTCHILD 데이터셋에는 부모와 자식 역할을 가진 모든 용어들의 결과가 저장된다. 여기에는 다음과 같은 변수들이 포함되어 있다.

- _TERMNUM_: 각 용어에 SAS가 부여한 고유번호. 이는 OUTTERMS 데이터셋의 Key 변수와 대응된다.
- _DOCUMENT_: 각 문서에 대응되는 고유번호(ID 변수의 내용)
- _COUNT_: 해당 용어가 해당 문서에 나타난 빈도

제 4 장
텍스트 필터링

Text Filtering

이 장에서는 텍스트 필터(Text Filter) 노드를 활용하여 이후의 텍스트 분석에 활용할 용어들을 선별하는 내용을 설명한다.

4.1 텍스트 필터(Text Filter) 노드

텍스트 필터(Text Filter) 노드는 일반적으로 텍스트 파싱(Text Parsing) 노드의 다음에 위치하며, 파싱을 통해 도출된 용어 중 분석에 활용할 용어를 선별하는 기능을 가지고 있다. 또한 이 노드에서는 동의어 도출, 빈도 가중치와 용어 가중치 계산, 용어 간 관계의 탐색 등을 수행할 수 있다.

〈그림 4.1〉은 텍스트 필터(Text Filter) 노드의 속성 패널을 보여주고 있는데, 여기에서 지정할 수 있는 주요 속성들은 다음과 같다.

○ 맞춤법 검사(Check Spelling)

맞춤법 검사를 수행하고 맞춤법이 잘못된 용어에 대하여 유의어를 생성할지의 여부를 지정한다(디폴트: 아니오).

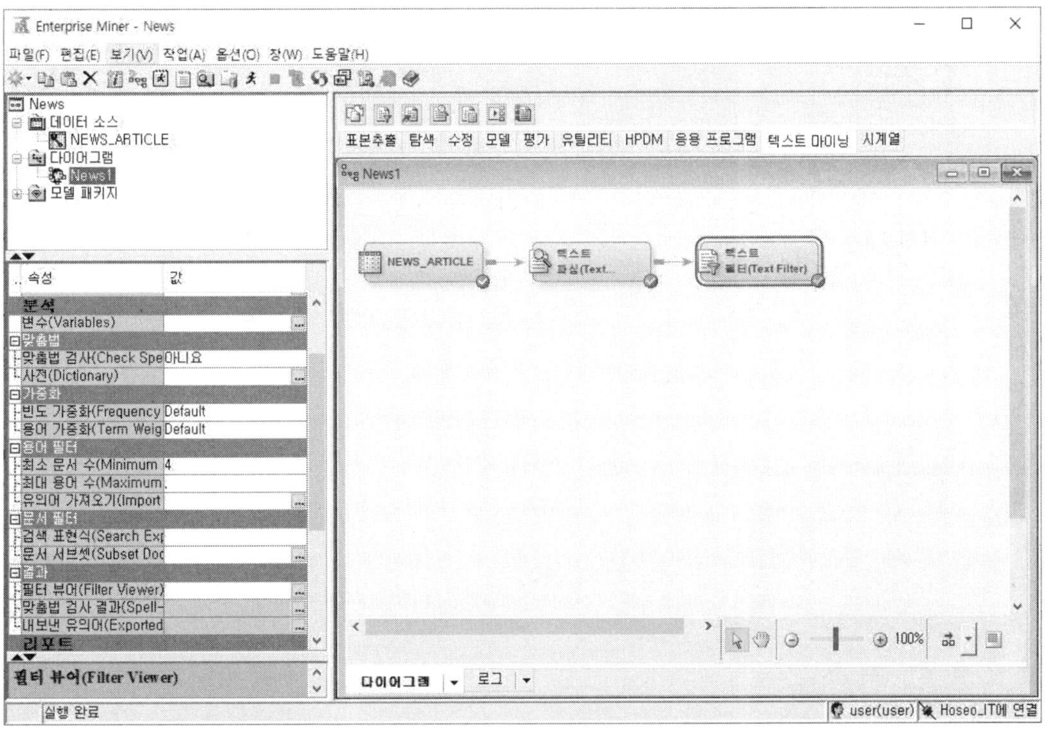

〈그림 4.1〉 텍스트 필터(Text Filter) 노드의 속성 패널

○ 빈도 가중화(Frequency Weighting)

빈도 가중화 방법을 지정한다(디폴트: Log). 빈도 가중치(frequency weight)는 지역적 가중치(local weight)라고도 불리며, 각 용어가 각 문서에서 차지하는 중요도를 나타낸다. 자세한 내용은 4.3절을 참조하기 바란다.

○ 용어 가중화(Term Weight)

용어 가중화 방법을 지정한다(디폴트: Entropy, 목표변수가 지정되어 있을 경우에는 Mutual Information). 용어 가중치(term weight)는 전역적 가중치(global weight)라고도 불리며, 각 용어가 전체 문서에서 차지하는 중요도를 나타낸다. 자세한 내용은 4.3절을 참조하기 바란다.

○ 최소 문서 수(Minimum Number of Documents)

여기에 지정된 문서 수보다 적게 발생한 용어는 결과에서 제외된다(디폴트: 4).

○ 최대 용어 수(Maximum Number of Terms)

결과에서 유지할 최대 용어 수를 지정한다(디폴트: 모든 용어).

○ 필터 뷰어(Filter Viewer)

대화식 필터 뷰어를 활성화한 후, 유의어 및 용어에 대한 빈도와 가중치 통계량에 대한 정보를 살펴볼 수 있다(4.2.3절 참조). 이 속성은 텍스트 필터(Text Filter) 노드가 수행된 후 사용할 수 있다.

○ 표시할 용어(Terms to View)

결과 뷰어에 표시할 용어 유형을 지정한다. '선택된 용어'(Selected)는 필터 뷰어에서 '유지=예'로 설정된 용어만 표시한다. '필터링된 용어'(Filtered)는 필터 뷰어에서 '유지=아니요'로 설정된 용어만 표시한다. '모두'(All)는 선택된 용어 및 필터링된 용어를 모두 표시한다.

○ 표시할 용어 개수(Number of Terms to Display)

노드 결과에 제시될 용어의 최대 개수를 지정한다(디폴트: 20,000). 빈도가 많은 용어들이 주어진 개수 이하로 결과 윈도에 제시된다.

4.2 노드 결과

텍스트 필터(Text Filter) 노드를 수행하면 ⟨그림 4.2⟩와 같은 결과 윈도들이 출력된다. 여기에서는 이 윈도들의 내용을 간단히 설명하도록 한다.

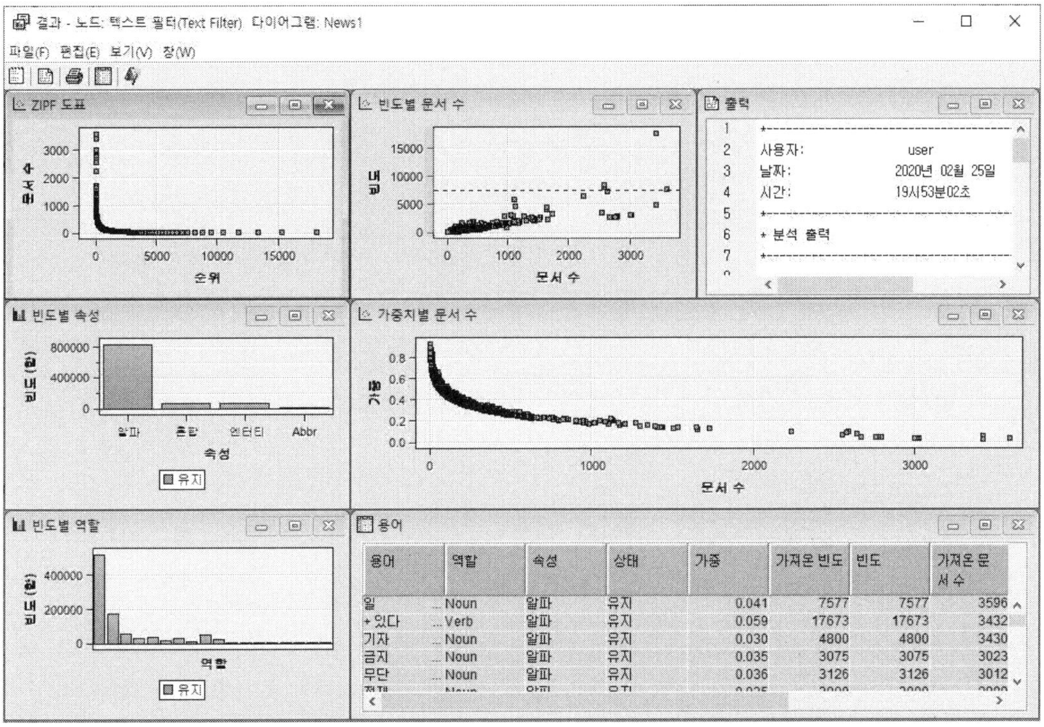

〈그림 4.2〉 텍스트 필터(Text Filter) 노드의 결과 윈도

용어	역할	속성	상태	가중	가져온 빈도	빈도	가져온 문서 수	문서 수	순위	상위/하위 상태	상위 ID
일	... Noun	알파	유지	0.041	7577	7577	3596	3596	1		60415
+ 있다	... Verb	알파	유지	0.059	17673	17673	3432	3432	2+		102411
기자	... Noun	알파	유지	0.030	4800	4800	3430	3430	3		14524
금지	... Noun	알파	유지	0.035	3075	3075	3023	3023	4		20254
무단	... Noun	알파	유지	0.036	3126	3126	3012	3012	5		78735
전재	... Noun	알파	유지	0.035	3000	3000	2999	2999	6		88506
재배포	... Noun	알파	유지	0.043	2793	2793	2792	2792	7		970
+ 무단#전재...	명사 그룹	혼합	유지	0.044	2774	2774	2773	2773	8+		115519
+ 재배포#금...	명사 그룹	혼합	유지	0.045	2759	2759	2758	2758	9+		45849
©	... Punct	알파	유지	0.051	2749	2749	2662	2662	10		59168
등	... Noun	알파	유지	0.081	7157	7157	2638	2638	11		14519
+ 하다	... Verb	알파	유지	0.097	7977	7977	2582	2582	12+		46237
+ 것	... Noun	알파	유지	0.093	8357	8357	2573	2573	13+		32781
및	... Adv	알파	유지	0.072	3547	3547	2547	2547	14		73529
수	... Noun	알파	유지	0.105	6369	6369	2234	2234	15		118776
+ 되다	... Verb	알파	유지	0.127	3190	3190	1722	1722	16+		22559
+ 밝히다	... Verb	알파	유지	0.119	2203	2203	1654	1654	17+		88966
월	... Noun	알파	유지	0.146	4013	4013	1647	1647	18		43167
년	... Noun	알파	유지	0.146	4499	4499	1647	1647	18		43649
중	... Noun	알파	유지	0.137	2741	2741	1534	1534	20		6550
+ 따르다	... Verb	알파	유지	0.135	2331	2331	1507	1507	21+		103806
+ 지나다	... Verb	알파	유지	0.142	2167	2167	1435	1435	22+		49186
+ 말하다	... Verb	알파	유지	0.143	2098	2098	1431	1431	23+		116236
+ 위하다	... Verb	알파	유지	0.145	2439	2439	1426	1426	24+		73924
+ 통하다	... Verb	알파	유지	0.146	2325	2325	1404	1404	25+		95897
+ 않다	... Verb	알파	유지	0.154	2652	2652	1388	1388	26+		14768
+ 대하다	... Verb	알파	유지	0.159	2471	2471	1342	1342	27+		87134
+ 받다	... Verb	알파	유지	0.156	2073	2073	1300	1300	28+		117393
+ 보다	... Verb	알파	유지	0.179	2815	2815	1271	1271	29+		79261
사진	... Noun	알파	유지	0.171	1956	1956	1204	1204	30		31481

〈그림 4.3〉 용어 테이블

4.2.1 용어 테이블

텍스트 필터링에 의해서 선별된 용어들을 테이블의 형태로 출력한다. ⟨그림 4.3⟩은 첫 30개의 용어를 제시한 것이며, 이 테이블에서 주요 칼럼의 내용은 다음과 같다.

- 용어(Term): 추출된 용어가 제시된다.
- 역할(Role): 용어들의 역할(품사 등)이 제시된다(3.1절 참조).
- 속성(Attribute): 용어들의 속성이 제시된다(3.1절 참조).
- 상태(Status): 필터 뷰어에서 설정된 상태가 제시된다. – 유지(Keep), 제거(Drop).
- 가중(Weight): 용어 가중치가 제시된다(4.3.2절 참조).
- 빈도(Frequency): 용어들이 나타난 빈도가 제시된다.
- 문서 수(Number of Documents): 용어들이 나타난 문서 수가 제시된다.
- 순위(Rank): 용어가 추출된 문서 수에 따라서 순위가 제시된다.
- 상위/하위 상태(Parent/Child Status): 용어의 포함 관계를 나타낸다(3.2.1절 참조). +(더하기 기호)는 용어가 부모임을 나타내고, 결측값은 그렇지 않음을 나타낸다.
- 상위 ID(Parent ID): 용어가 자식(child)일 경우 부모(parent) 용어의 고유번호, 그렇지 않을 경우 자신의 고유번호.

4.2.2 도표

⟨그림 4.2⟩에서 볼 수 있는 바와 같이 텍스트 필터(Text Filter) 노드는 다음과 같은 도표들을 출력한다.

- ZIPF 도표(ZIPF Plot): 용어 테이블의 '변수 numdocs의 순위' 칼럼을 수평축으로 하고 '문서 수' 칼럼을 수직축으로 하여 작성된 산점도이다.
- 빈도별 문서 수(Number of Documents by Frequency): 용어 테이블의 '문서 수' 칼럼을 수평축으로 하고 '빈도' 칼럼을 수직축으로 하여 작성된 산점도이다.
- 가중치별 문서 수(Number of Documents by Frequency): 용어 테이블의 '문서 수' 칼럼을 수평축으로 하고 '가중' 칼럼을 수직축으로 하여 작성된 산점도이다.
- 빈도별 속성(Role by Freq): 각 속성별 빈도가 막대도표의 형태로 출력된다.
- 빈도별 역할(Attribute by Frequency): 각 역할별 빈도가 막대도표의 형태로 출력된다.

4.2.3 필터 뷰어

필터 뷰어(Filter Viewer)는 텍스트 필터링의 결과를 대화식으로 탐색할 수 있는 유용한 도구이다.

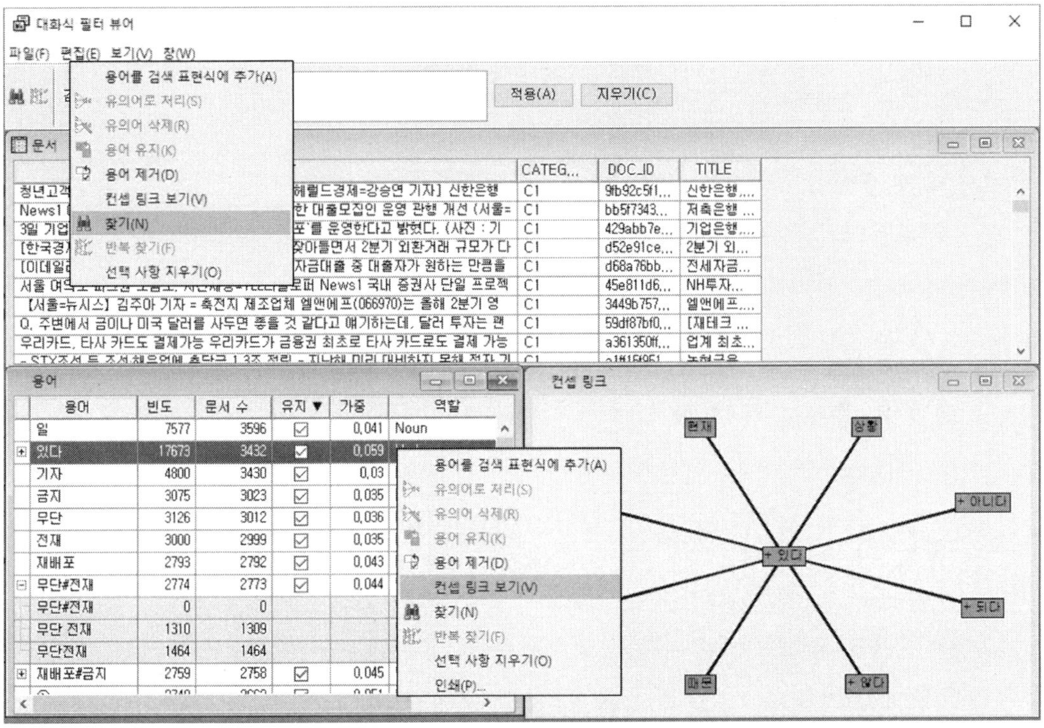

〈그림 4.4〉 대화식 필터 뷰어 (Interactive Filter Viewer)

텍스트 필터(Text Filter) 노드를 수행한 후, 속성 패널(그림 4.1)의 '대화식 필터 뷰어'(Interactive Filter Viewer)를 활성화하면,[1] 위와 같은 결과 윈도들이 출력된다.

'대화식 필터 뷰어'에서는 전체 문서의 내용을 살펴볼 수 있으며, 용어별 빈도와 문서 수 및 가중치를 탐색할 수 있다. 또한 용어 테이블을 대상으로 다음과 같은 작업들을 수행할 수 있다.

○ 유의어 처리 탐색

용어 테이블에서 유의어(동의어) 처리의 내용을 살펴볼 수 있다. 예를 들어, '무단♯전재' 용어 왼쪽의 '+' 표시를 클릭하면, '무단♯전재', '무단 전재', '무단전재' 등의 용어가 유의어로 처리되어 있음을 볼 수 있다.

○ 용어 찾기

'편집(E) > 찾기(N)' 메뉴를 클릭하고 찾고자 하는 용어를 입력하면 원하는 용어의 위치로 이동할 수 있다.

---

[1]속성 패널에서 필터 뷰어 필드의 '· · ·' 버튼을 클릭하면 된다.

○ 정렬

용어 테이블에서 특정 칼럼의 이름을 클릭하면 해당 칼럼의 내용에 의해 테이블을 정렬할 수 있다.

○ 컨셉 링크 보기

용어 테이블에서 특정한 용어를 클릭한 후, 마우스 오른쪽 버튼을 클릭하고 빠른-메뉴(pop-up menu)에서 '컨셉 링크 보기(V)' 메뉴를 클릭하면 해당 용어와 관련성이 높은 용어들이 그래프의 형태로 출력된다(4.4절 참조).

4.2.4 내보낸 데이터 탐색

텍스트 필터(Text Filter) 노드를 수행한 후, 속성 패널(그림 4.1)에서 다음과 같은 작업을 수행하면 이 노드에 의해서 생성된 데이터를 살펴볼 수 있다.

① 속성 패널에서 '내보낸 데이터' 필드의 '···' 버튼을 클릭한다.
② '내보낸 데이터 선택' 대화상자에서 역할이 Transaction인 테이블을 선택하고, 탐색(X) 버튼을 클릭한다(그림 4.5 참조).

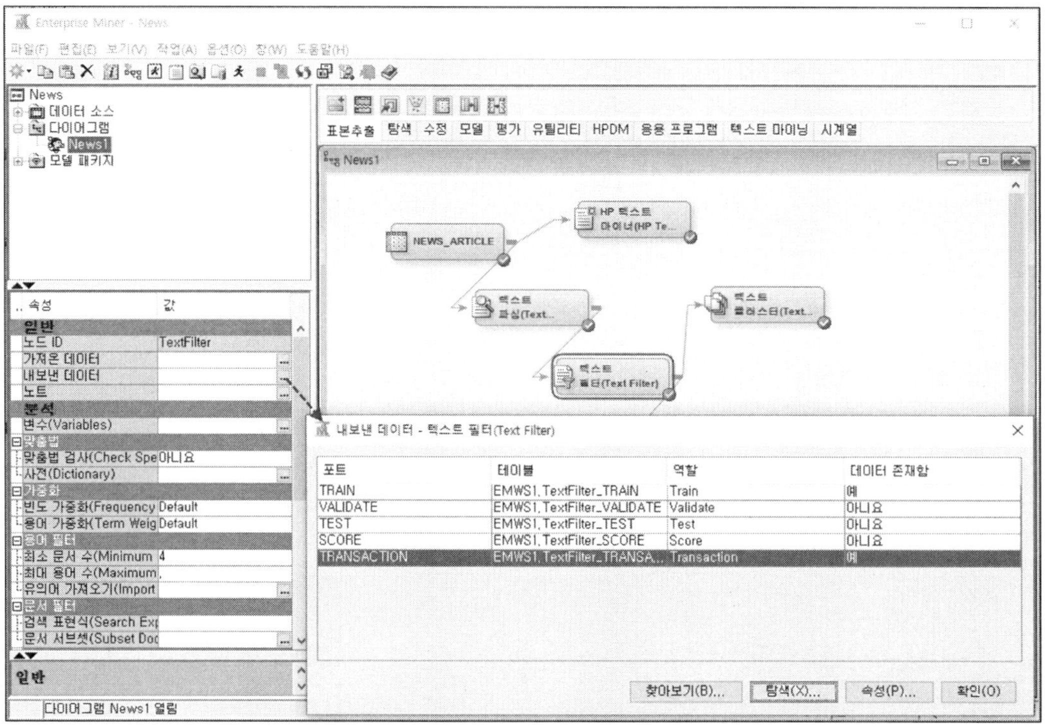

〈그림 4.5〉 내보낸 데이터 선택 대화상자

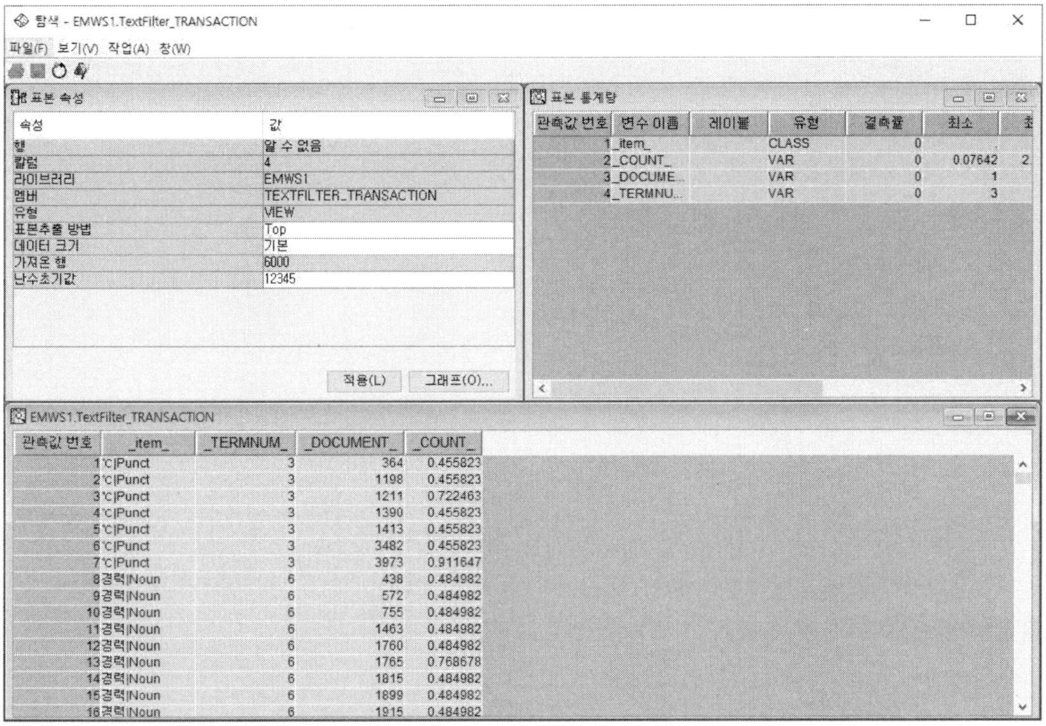

〈그림 4.6〉 텍스트 클러스터(Text Cluster) 노드에 의해서 생성된 데이터

그러면 〈그림 4.6〉과 같이 데이터 및 요약 통계량 테이블들을 살펴볼 수 있다. 이 데이터 테이블에는 가중 용어-문서 빈도 행렬의 내용이 저장되어 있으며(4.3절 참조), 다음과 같은 칼럼(변수)들로 구성되어 있다.

- _ITEM_: 추출된 용어와 품사(속성)
- _TERMNUM_: 각 용어에 SAS가 부여한 고유번호
- _DOCUMENT_: 각 문서에 SAS가 부여한 고유번호
- _COUNT_: 용어-문서 가중치(4.3절 참조)

〈예 4.1〉 내보낸 데이터셋을 저장하는 SAS 코드

```
LIBNAME tmout 'c:\My_Work\Text_Outdata';

DATA tmout.filter_out;
    SET &EM_IMPORT_TRANSACTION;
RUN;
```

또한 2.6절에서와 유사한 방법으로 SAS 코드(Code) 노드를 이용하여 데이터 테이블을 SAS 데이터셋으로 저장할 수도 있다. ⟨예 4.1⟩의 프로그램에서 매크로 변수 &EM_IMPORT_TRANSACTION은 연결된 노드에서 SAS 코드(Code) 노드로 넘어오는 트랜잭션 데이터셋의 이름을 지칭한다.

4.3 가중화 방법

가중치는 개별 문서 또는 전체 문서에서 각 용어들이 차지하는 중요도를 수치로 표현한 것이다. 이 절에서는 여러 가지 가중화 방법에 대하여 자세히 설명한다.

3.3절에서 설명한 바와 같이 대부분의 텍스트 마이닝 작업은 용어-문서 빈도 행렬(term-document frequency matrix)을 분석 대상으로 한다. 그런데 용어-문서 빈도 행렬에 대하여 필요한 수학적 연산을 적용하는 것이 쉽지 않거나, 연산의 결과가 분석의 목적에 맞지 않을 수 있다. 따라서 대부분의 텍스트 마이닝 작업에서는 용어-문서 빈도 행렬을 적절하게 변환하여 사용한다.

4.3.1 빈도 가중화

빈도 가중치(frequency weight)는 지역적 가중치(local weight)라고도 불리며, 각 용어가 각 문서에서 차지하는 중요도를 나타낸다. 빈도 가중화 방법은 다음과 같은 것들이 있다.

(1) 변환 없음(None)

이 방법에서의 빈도 가중치는 다음과 같이 계산된다.

$$L_{ij} = a_{ij} \tag{4.1}$$

즉, 원래의 빈도 a_{ij}가 변환되지 않고 그대로 사용된다.

(2) 이항(Binary)

이 방법에서의 빈도 가중치는 다음과 같이 계산된다.

$$L_{ij} = \begin{cases} 1, \text{ if } a_{ij} \geq 1, \\ 0, \text{ if } a_{ij} = 0. \end{cases} \tag{4.2}$$

즉, 문서 j에 용어 i가 한 번 이상 나타난다면 1, 한 번도 나타나지 않는다면 0을 할당하는 방법이다.

(3) 로그(Log)

이 방법에서의 빈도 가중치는 다음과 같이 계산된다.

$$L_{ij} = \log_2(a_{ij} + 1) \tag{4.3}$$

이 방법은 한 문서에 여러 번 출현하는 단어의 영향을 약화시키는 효과를 가지게 된다.

4.3.2 용어 가중화

용어 가중치(term weight)는 전역적 가중치(global weight)라고도 불리며, 각 용어가 전체 문서에서 차지하는 중요도를 나타낸다. 〈그림 4.2〉, 〈그림 4.3〉, 〈그림 4.4〉 제시된 가중 칼럼은 용어 가중치를 나타낸다. 용어 가중화 방법은 다음과 같은 것들이 있다.

(1) 변환 없음(None)

이 방법에서의 용어 가중치는 다음과 같이 계산된다.

$$G_i = 1 \tag{4.4}$$

즉, 모든 용어에 대한 가중치가 1의 값을 갖는다(용어 가중화를 적용하지 않는다).

(2) 엔트로피(Entropy)

이 방법에서의 용어 가중치는 다음과 같이 계산된다.

$$G_i = 1 + \frac{\sum_j (a_{ij}/g_i) \log_2(a_{ij}/g_i)}{\log_2(N)}, \ 0 \le w_i \le 1. \tag{4.5}$$

여기에서 g_i는 수집된 전체 문서에서 용어 i가 나타난 빈도이다. 이 방법은 특정 용어가 여러 문서에 포함되어 있을수록 해당 용어의 가중치를 낮게 부여한다. 반대로 말하자면 해당 용어가 소수의 문서에서만 나타난다면 가중치를 높게 부여한다. 예를 들어, 특정 용어가 단 하나의 문서에서만 나타난다면 가중치 값은 1을 갖게 되며, 모든 문서에 한 번 이상 나타난다면 가중치 값은 0을 갖게 된다.

(3) IDF(Inverse Document Frequency, 역문서 빈도)

이 방법에서의 용어 가중치는 다음과 같이 계산된다.

$$G_i = \log_2\left(\frac{1}{P(t_i)}\right) + 1, \ 1 \le w_i \le \infty. \tag{4.6}$$

여기에서 $P(t_i)$는 전체 문서 중 특정 용어 t_i를 포함하는 문서의 비율을 나타낸다. 이 방법은 엔트로피 방법과 유사한 특징을 가진다. 예를 들어, 어떤 용어가 모든 문서에 나타난다면 해당 용어에 대한 가중치 값은 1을 갖게 되며, 소수의 문서에 나타날수록 가중치 값이 높아지게 된다.

(4) 상호정보(Mutual Information) 변환

이 방법은 범주형 목표변수(타겟변수)가 존재할 때만 사용가능하며, 용어 가중치는 다음과 같이 계산된다.

$$G_i = \max_{C_k}\left[\log\left(\frac{P(t_i, C_k)}{P(t_i)P(C_k)}\right)\right]. \tag{4.7}$$

여기에서 $P(t_i)$는 전체 문서 중 특정 용어 t_i를 포함하는 문서의 비율, $P(C_k)$는 범주 C_k에 속하는 문서의 비율, $P(t_i, C_k)$는 용어 t_i를 포함하며 범주 C_k에도 속하는 문서의 비율을 나타낸다. 이 방법을 이용하여 산출된 가중치가 높을수록 특정 용어가 범주형 목표변수의 특정 범주에 속한 문서에서 더 빈번하게 등장하는 경향이 있다고 말할 수 있다.

4.3.3 가중 용어-문서 빈도 행렬

각 용어에 대하여 계산된 빈도 가중치와 용어 가중치를 사용하여 가중 용어-문서 빈도 행렬(weighted term-document frequency matrix)을 생성할 수 있다. 이 행렬의 각 원소(용어-문서 가중치)는 두 가중치를 곱하여 계산된다. 즉,

$$\hat{a}_{ij} = G_i\, L_{ij}. \tag{4.8}$$

앞에서 설명한 빈도 가중화와 용어 가중화 방법의 조합에 따라서 다양한 가중 용어-문서 빈도 행렬이 생성될 수 있다. 예를 들어, 빈도 가중화와 용어 가중화 방법을 모두 '변환 없음'(None)으로 설정하면 가중 용어-문서 빈도 행렬이 용어-문서 빈도 행렬과 동일하게 된다.

⟨표 4.1⟩ 가중 용어-문서 빈도 행렬

	D_1	D_2	$\cdots$	D_j	$\cdots$	D_M
T_1	$\hat{a}_{11}$	$\hat{a}_{12}$	$\cdots$	$\hat{a}_{1j}$	$\cdots$	$\hat{a}_{1M}$
T_2	$\hat{a}_{21}$	$\hat{a}_{22}$	$\cdots$	$\hat{a}_{2j}$	$\cdots$	$\hat{a}_{2M}$
$\vdots$	$\vdots$	$\vdots$	$\vdots$	$\vdots$	$\vdots$	$\vdots$
T_i	$\hat{a}_{i1}$	$\hat{a}_{i2}$	$\cdots$	$\hat{a}_{ij}$	$\cdots$	$\hat{a}_{iM}$
$\vdots$	$\vdots$	$\vdots$	$\vdots$	$\vdots$	$\vdots$	$\vdots$
T_N	$\hat{a}_{N1}$	$\hat{a}_{N2}$	$\cdots$	$\hat{a}_{Nj}$	$\cdots$	$\hat{a}_{NM}$

이후의 텍스트 마이닝 작업은 대부분 가중 용어-문서 행렬을 분석 대상으로 한다. 따라서 서로 다른 가중화 방법들을 시도하여 본 후, 해석이 용이하고 예측력이 높은 가중화 방법을 선택할 필요가 있다.

한편, 식 (4.8)과 같이 계산된 $\hat{a}_{ij}$를 TF-IDF(term frequency-inverse document frequency)라고 지칭하기도 한다.

4.4 용어 연관성 측도

4.2.3절에서 설명한 바와 같이 대화식 필터 뷰어에서는 컨셉 링크를 통해 특정 용어와 관련성이 높은 용어들을 그래프의 형태로 출력한다. 이때 두 개의 용어 A와 B 사이의 연관성(association)을 다음과 같이 계산한다.

먼저 h를 용어 B를 포함하고 있는 문서의 수, k를 용어 A와 B를 모두 포함하고 있는 문서의 수, $p(=k/h)$를 용어 B가 발생할 때 용어 A가 함께 발생할 확률이라고 하자. 그러면

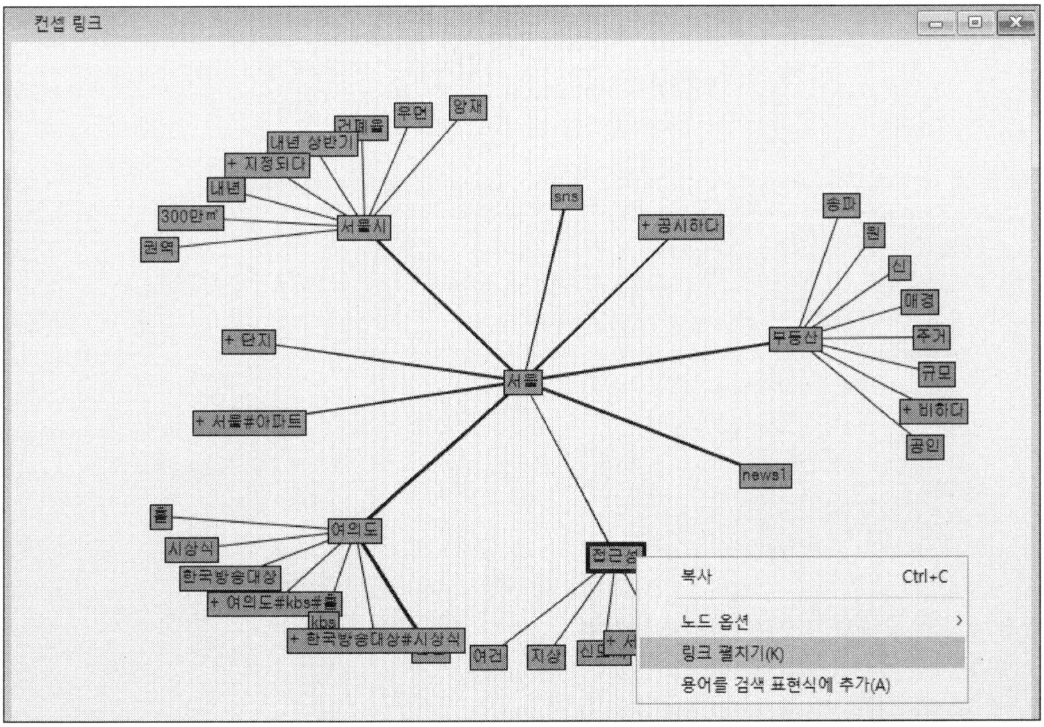

〈그림 4.7〉 컨셉 링크의 예

두 용어 사이의 연관성의 강도(strength)는 다음과 같이 계산된다.

$$Strength = \log_e \left(\frac{1}{\sum_{r=k}^{n} Prob(r)} \right), Prob(r) = \frac{n!}{r!(n-1)!} p^r (1-p)^{(n-r)}. \tag{4.9}$$

컨셉 링크에서 연관성의 강도는 연결선의 굵기로 표현된다. 즉, 연결선의 굵기가 클수록 연관성이 높음을 의미한다. 또한 특정 용어를 더블 클릭하거나 빠른 메뉴(pop-up menu)의 '링크 펼치기(K)' 메뉴를 클릭하여 컨셉 링크를 확장할 수 있다.

4.5 HPTMINE 프로시저

3.4절에서와 유사하게 텍스트 필터(Text Filter) 노드를 이용한 작업은 HPTMINE 프로시저를 이용하여 프로그램 방식으로도 가능하다. 또한 HPTMINE 프로시저를 이용하면 텍스트 필터링의 결과를 SAS 데이터셋으로 저장할 수 있다는 장점이 있다.

4.5.1 HPTMINE 프로시저의 사용 사례

3.4절에서와 유사하게 프로그램 편집기에 텍스트 필터링을 위한 SAS 프로그램을 작성하고 실행하여 보자.

⟨예 4.2⟩ 텍스트 필터링을 위한 HPTMINE 프로시저의 사용 사례 [2]

```
PROC HPTMINE DATA=tmsample.news_article LANGUAGE=Korean;
    VAR document;
    DOC_ID doc_id;
    PARSE TERMWGT=ENTROPY CELLWGT=LOG REDUCEF=4 ENTITIES=STD
          OUTTERMS=tmsample.outterms
          OUTPARENT=tmsample.outparent
          OUTCHILD=tmsample.outchild;
    SELECT "Aux" "Conj" "Det" "Interj" "Part" "Prep" "Pron"
           / GROUP="POS" IGNORE;
    SELECT "Punct" "Num" / GROUP="ATTRIBUTES" IGNORE;
    PERFORMANCE DETAILS;
RUN;

PROC SORT DATA=tmsample.outterms;
    BY DESCENDING numdocs;
RUN;
```

[2]SAS Text Miner를 종료하기 전에 풀다운 메뉴에서 '파일(F) > 다른 이름으로 저장' 메뉴를 클릭하여 프로그램을 저장하기 바란다.

앞에서 설명한 바와 같이 HPTMINE 프로시저에서는 TERMWGT와 CELLWGT 옵션의 조합에 따라 다양한 유형의 가중치를 계산할 수 있다(그 외의 옵션들에 대하여는 3.4절을 참조하기 바란다).

- TERMWGT=ENTROPY|MI|NONE: 용어 가중화 방법을 지정하며 엔트로피(ENTROPY), 상호정보 변환(MI), 변환 없음(NONE)을 지정할 수 있다(디폴트: ENTROPY).
- CELLWGT=LOG|NONE: 빈도 가중화 방법을 지정하며 로그(LOG), 변환 없음(NONE)을 지정할 수 있다(디폴트: LOG).

4.5.2 OUTTERMS 데이터셋

OUTTERMS 데이터셋에는 추출된 용어들이 저장되어 있다(표 4.2에는 문서 수가 큰 첫 10개만을 제시하였다). 이 데이터셋의 내용에 대하여는 3.4.2절을 참조하기 바란다.

〈표 4.2〉 OUTTERMS 데이터셋(일부)

OBS	Term	Role	Attribute	Freq	Numdocs	_keep
1	일	Noun	Alpha	7577	3596	Y
2	있다	Verb	Alpha	17673	3432	Y
3	기자	Noun	Alpha	4800	3430	Y
4	금지	Noun	Alpha	3075	3023	Y
5	무단	Noun	Alpha	3126	3012	Y
6	전재	Noun	Alpha	3000	2999	Y
7	있다	Verb	Alpha	7864	2803	Y
8	재배포	Noun	Alpha	2793	2792	Y
9	무단♯전재	NOUN_GROUP	Mixed	2774	2773	Y
10	재배포♯금지	NOUN_GROUP	Mixed	2759	2758	Y

OBS	Key	Parent	Parent_id	_ispar	Weight
1	9082	.	9082		0.040981
2	15407	.	15407	+	0.059251
3	2210	.	2210		0.029636
4	3075	.	3075		0.035133
5	11929	.	11929		0.035894
6	13326	.	13326		0.034741
7	15407	15407	15407	.	0.059251
8	164	.	164		0.043365
9	17337	.	17337	+	0.044189
10	6882	.	6882	+	0.044843

〈표 4.2〉에서 볼 수 있듯이 변수 Weight에는 TERMWGT=ENTROPY 옵션에 의해서 계산된 용어 가중치가 저장되어 있다.

4.5.3 OUTPARENT 데이터셋

OUTPARENT 데이터셋에는 용어-문서 빈도 행렬의 내용이 저장된다(표 4.3에는 첫 번째 문서의 10개만을 제시하였다). 이 데이터셋에는 부모 역할을 가진 용어들의 결과가 저장되며, 변수 _COUNT_에는 TERMWGT와 CELLWGT 옵션에 의하여 계산된 용어-문서 가중치가 저장되어 있다(4.3.3절의 식 4.8 참조).

〈표 4.3〉 OUTPARENT 데이터셋(일부)

OBS	_TERMNUM_	_DOCUMENT_	_COUNT_
1	201	9fb92c5f16e03eb1	0.04337
2	720	9fb92c5f16e03eb1	0.68218
3	920	9fb92c5f16e03eb1	0.52615
4	1618	9fb92c5f16e03eb1	0.52062
5	2091	9fb92c5f16e03eb1	0.67349
6	2387	9fb92c5f16e03eb1	0.22383
7	2690	9fb92c5f16e03eb1	0.16130
8	2693	9fb92c5f16e03eb1	0.02964
9	3306	9fb92c5f16e03eb1	1.24219
10	3676	9fb92c5f16e03eb1	0.21127

〈표 4.4〉 OUTCHILD 데이터셋(일부)

OBS	_TERMNUM_	_DOCUMENT_	_COUNT_
1	201	9fb92c5f16e03eb1	1
2	720	9fb92c5f16e03eb1	1
3	920	9fb92c5f16e03eb1	1
4	24415	9fb92c5f16e03eb1	1
5	1618	9fb92c5f16e03eb1	1
6	25045	9fb92c5f16e03eb1	1
7	2387	9fb92c5f16e03eb1	1
8	2690	9fb92c5f16e03eb1	3
9	2693	9fb92c5f16e03eb1	1
10	26599	9fb92c5f16e03eb1	1

4.5.4 OUTCHILD 데이터셋

OUTCHILD 데이터셋에는 용어-문서 빈도 행렬의 내용이 저장된다(표 4.4에는 첫 번째 문서의 10개만을 제시하였다). 이 데이터셋에는 부모와 자식 역할을 가진 모든 용어들의 결과가 저장되며, 변수 _COUNT_에는 각 용어가 각 문서에 나타난 단순 빈도(frequency)가 저장되어 있다. 변수들의 내용에 대하여는 3.4.3절을 참조하기 바란다.

제 5 장
텍스트 클러스터링

Text Clustering

이 장에서는 텍스트 클러스터(Text Cluster) 노드를 활용하여 주어진 문서를 의미 있는 그룹으로 군집화하는 내용을 설명한다.

5.1 텍스트 클러스터(Text Cluster) 노드

텍스트 클러스터(Text Cluster) 노드는 일반적으로 텍스트 필터(Text Filter) 노드의 다음에 위치하며, 통계적 군집화(클러스터링) 알고리즘을 통해 문서들을 의미 있는 그룹으로 군집화하는 작업을 수행할 수 있다.

〈그림 5.1〉은 텍스트 클러스터(Text Cluster) 노드의 속성 패널을 보여주고 있는데, 여기에서 지정할 수 있는 주요 속성들은 다음과 같다.

○ SVD 분해 수준(SVD Resolution)

SVD의 분해 수준을 지정한다(5.3절 참조). 낮게 설정하면 추출되는 차원의 수가 적어진다(추출된 정보가 간략화 되지만 정보의 손실이 많을 수 있다). 높게 설정하면 추출되는 차원의 수가 많아진다(보다 많은 정보가 추출되지만 불필요한 정보가 포함될 수 있다).

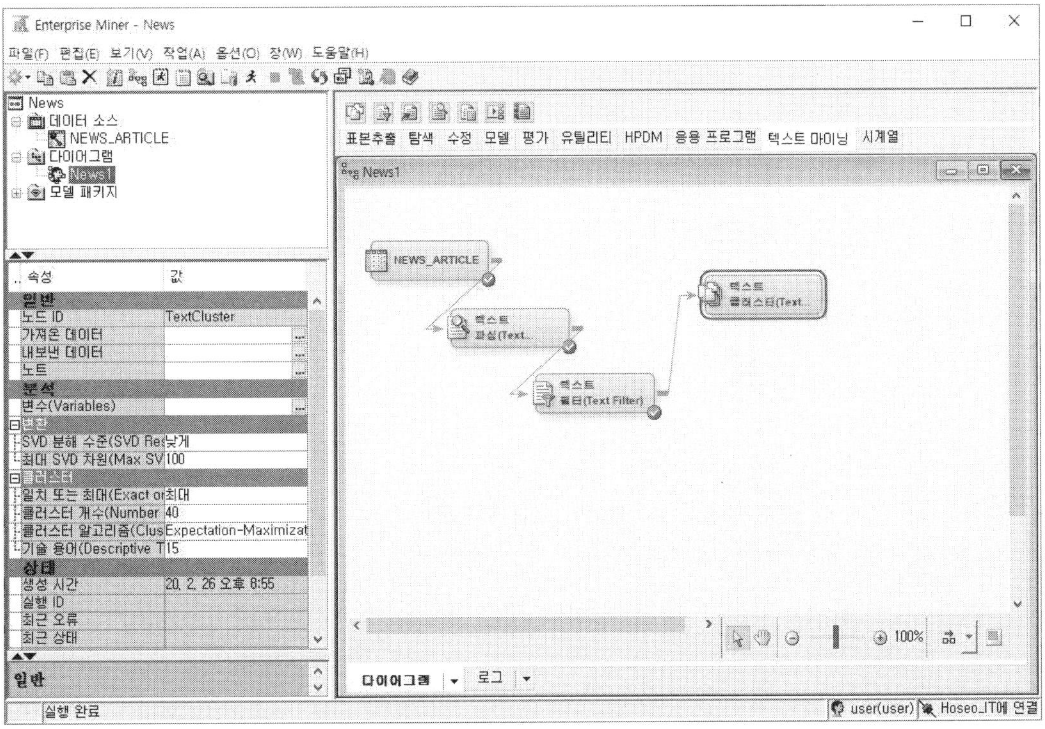

〈그림 5.1〉 텍스트 클러스터(Text Cluster) 노드의 속성 패널

○ **최대 SVD 차원(Max SVD Dimensions)**

추출되는 최대 차원의 수를 지정한다(디폴트: 100). 지정된 숫자보다 작은 범위에서 적절한 차원의 수를 탐색한다.

○ **클러스터 개수(Number of Clusters)**

생성할 클러스터의 수를 지정한다(디폴트: 40).

○ **일치 또는 최대(Exact or Maximum Number)**

최대로 설정하면 '클러스터 개수' 속성에서 지정된 숫자만큼의 클러스터가 생성된다. 일치로 설정하면 지정된 숫자보다 작은 범위에서 적절한 클러스터의 수를 탐색한다.

○ **클러스터 알고리즘(Cluster Algorithm)**

군집화에 적용될 알고리즘을 지정한다(5.4절 참조). Expectation-Maximization 또는 Hierarchical을 지정할 수 있다.

○ **기술 용어(Descriptive Terms)**

각 클러스터의 특징을 기술하기 위해 표시할 용어의 수를 지정한다(디폴트: 15). 크게 지정할수록 보다 많은 용어들이 표시되지만 해석이 어려워질 수 있다.

5.2 노드 결과

텍스트 클러스터(Text Cluster) 노드를 수행하면 〈그림 5.2〉와 같은 결과 윈도들이 출력된다. 여기에서는 이 윈도들의 내용을 간단히 설명하도록 한다.

5.2.1 클러스터 테이블

각 클러스터에 대한 정보가 테이블의 형태로 출력한다. 이 테이블에서 주요 칼럼의 내용은 다음과 같다.

- 클러스터 ID: 생성된 클러스터(군집)의 번호가 제시된다. 이 예에서는 9개의 클러스터가 생성되어 있다.
- 기술 용어: 각 클러스터의 특징을 나타내는 용어들이 제시되어 있다. 예를 들어, 첫 번째 클러스터의 특징을 나타내는 용어들은 '일, 기자, 사진, 방송, 보다, ⋯' 등 주로 방송과 관련된 용어들임을 볼 수 있다. 두 번째 클러스터의 특징을 나타내는 용어들은 '스마트폰, 기능, 제품, 삼성전자, 갤러시노트, 배터리, ⋯' 등 주로 스마트폰과 관련된 용어들임을 볼 수 있다.

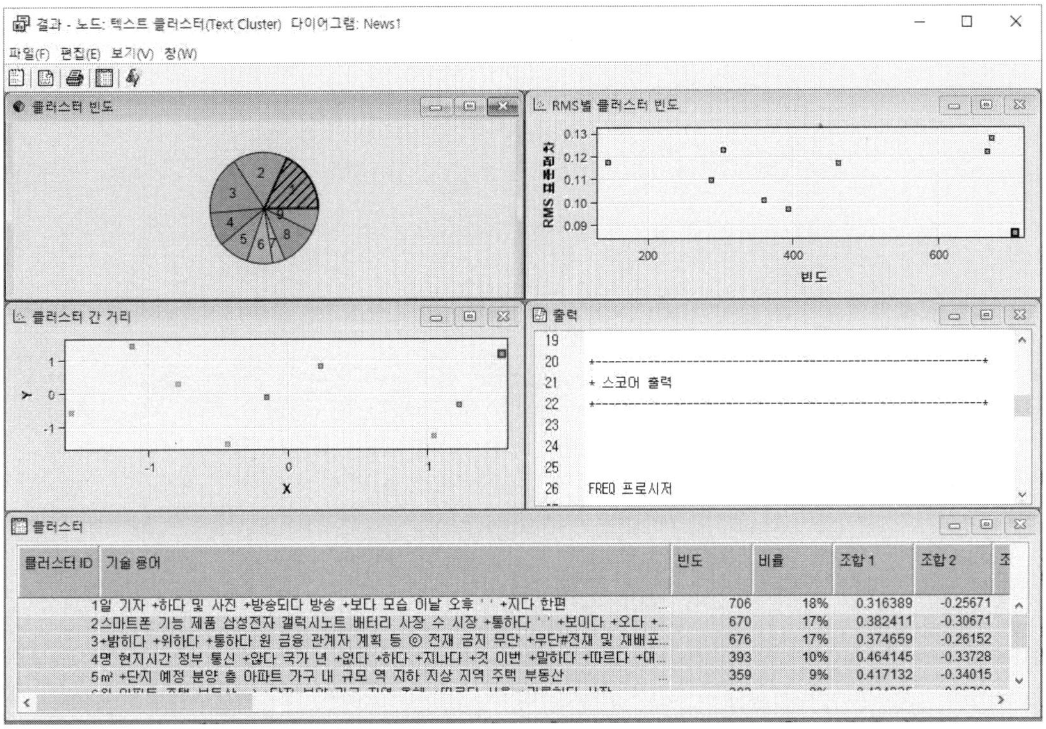

〈그림 5.2〉 텍스트 클러스터(Text Cluster) 노드의 결과 윈도

- 빈도: 각 클러스터에 속한 문서의 수가 제시된다(한 개의 문서는 한 개의 클러스터에만 속한다). 예를 들어, 첫 번째 클러스터에 속한 문서는 706개이다.
- 비율: 각 클러스터에 속한 문서의 비율이 제시된다. 예를 들어, 첫 번째 클러스터에 속하는 문서는 전체 문서의 18%(=706/4,000)이다.
- 조합1, 조합2, ···: SVD 차원 점수들의 평균이 제시된다.
- RMS 표준편차: 각 클러스터의 RMS(root mean squared) 표준편차가 제시된다. 이 값이 작을수록 해당 클러스터 내의 동질성이 크다는 것을 의미한다.
- X, Y: 2차원 상에 표현할 각 클러스터들의 중심 좌표 값이 제시된다. 이 값에 의해서 '클러스터 간 거리' 도표가 작성된다.

5.2.2 도표

〈그림 5.2〉에서 볼 수 있는 바와 같이 텍스트 클러스터(Text Cluster) 노드는 다음과 같은 도표들을 출력한다.

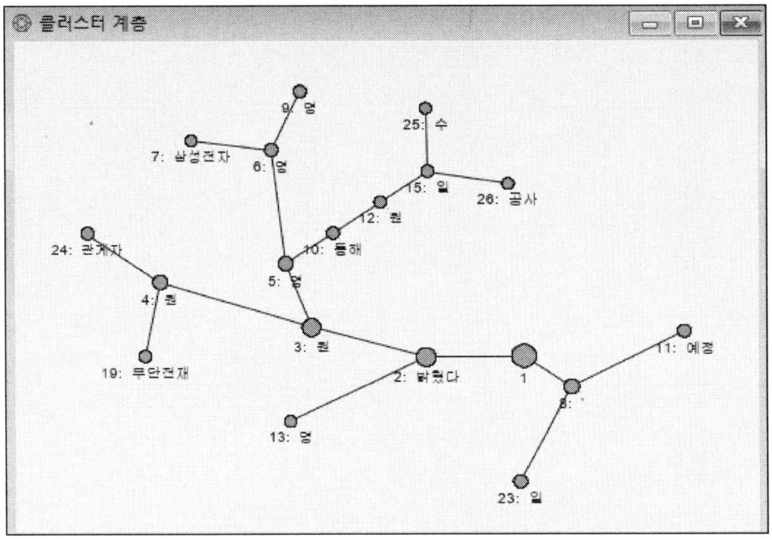

〈그림 5.3〉 클러스터 계층 도표

- 클러스터 빈도(Cluster Frequencies): 각 클러스터에 속한 문서의 수를 파이 도표의 형태로 출력한다. 이 도표에서 파이 조각을 클릭하면 다른 도표와 테이블에서 해당 클러스터가 표시된다.
- RMS별 클러스터 빈도(Cluster Frequency by RMS): 클러스터 테이블의 '빈도' 칼럼을 수평축으로 하고 'RMS 표준편차' 칼럼을 수직축으로 하여 작성된 산점도이다.
- 클러스터 간 거리(Distance Between Clusters): 2차원 상에 각 클러스터들의 중심을 표현한 산점도이다.
- 클러스터 계층 도표: 클러스터들의 계층적 구조를 도표로 출력한다. 이 도표는 '클러스터 알고리즘'(Cluster Algorithm) 속성을 'Hierarchical'로 지정하였을 때 출력된다.

5.2.3 내보낸 데이터 탐색

텍스트 클러스터(Text Cluster) 노드를 수행한 후, 속성 패널(그림 5.1)에서 다음과 같은 작업을 수행하면 이 노드에 의해서 생성된 데이터를 살펴볼 수 있다.

① 속성 패널에서 '내보낸 데이터' 필드의 '· · ·' 버튼을 클릭한다.

② '내보낸 데이터 선택' 대화상자에서 역할이 Train인 테이블을 선택하고, 탐색(X) 버튼을 클릭한다(그림 5.4 참조).

그러면 〈그림 5.5〉와 같이 데이터 및 요약 통계량 테이블들을 살펴볼 수 있다.

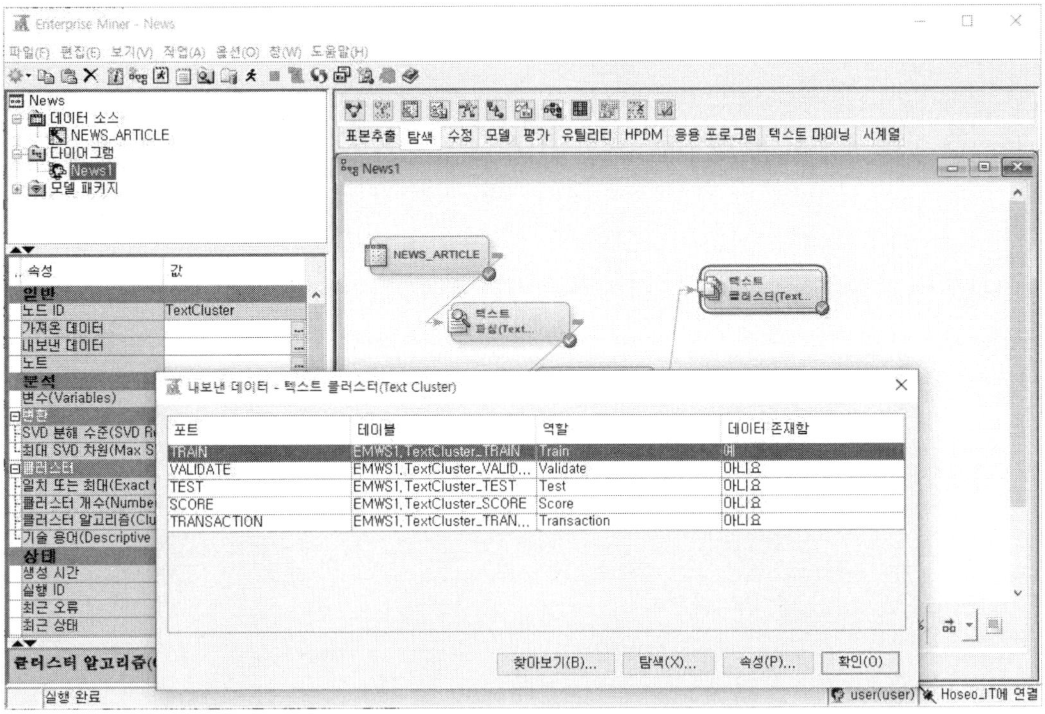

〈그림 5.4〉 내보낸 데이터 선택 대화상자

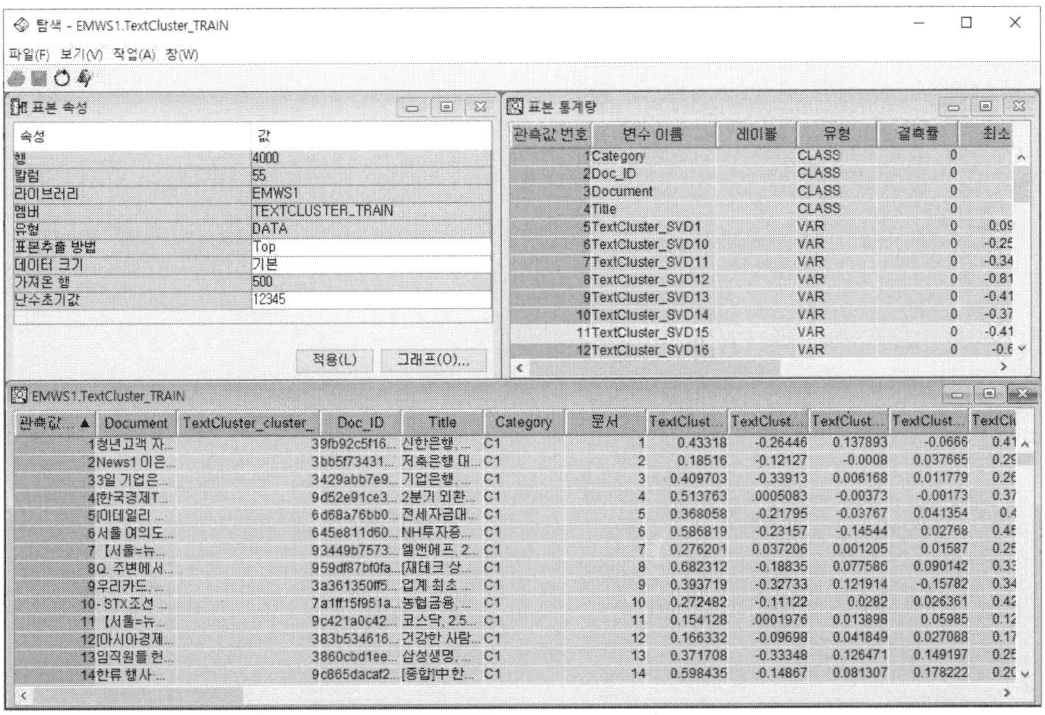

〈그림 5.5〉 텍스트 클러스터(Text Cluster) 노드에 의해서 생성된 데이터

〈그림 5.5〉의 데이터 테이블을 살펴보면 다음과 같은 칼럼(변수)들이 추가로 생성되어 있음을 볼 수 있다.

- TextCluster_cluster_: 각 문서들이 속하는 클러스터의 번호를 나타낸다. 예를 들어, 문서 1, 2, 3은 3번 클러스터에 속하며, 문서 4는 9번 클러스터에 속한다는 것을 볼 수 있다.
- TextCluster_SVD1, TextCluster_SVD2, ⋯: 각 문서별 SVD 차원 점수를 나타낸다. 이는 문서들의 내용을 정량화한 것이므로 다른 통계분석을 위하여 사용될 수 있다.
- TextCluster_prob1, TextCluster_prob2, ⋯: 개별 문서들이 각 클러스터에 속할 확률을 나타낸다.

또한 2.6절에서와 동일한 방법으로 SAS 코드(Code) 노드를 이용하여 데이터 테이블을 SAS 데이터셋으로 저장할 수도 있다.

5.3 SVD(특잇값 분해)

〈표 3.1〉 또는 〈표 4.1〉에서 (가중)용어-문서 빈도 행렬의 행과 열을 바꾸어 표현한 것을 (가중)문서-용어 빈도 행렬(weighted document-term frequency matrix)이라고 한다. 텍스트 마이닝에서의 군집분석은 이 (가중)문서-용어 빈도 행렬에 통상적인 군집화 알고리즘을 적용하여 문서들을 군집화한다.

그런데 앞 장에서 설명한 바와 같이 문서-용어 빈도 행렬은 N이 매우 크고 대부분의 값이 0을 가지고 있기 때문에, 통상적인 군집화 알고리즘을 적용하는 것이 쉽지 않다. 이러한 문제점을 해결하기 위한 한 가지 방법은 SVD를 사용하여 차원을 축소하는 것이다.

SVD(singular-value decomposition, 특잇값 분해)는 선형대수학에서 행렬을 분해하는 방법 중 하나이다.

〈표 5.1〉 (가중)문서-용어 빈도 행렬

	용어 1	용어 2	⋯	용어 j	⋯	용어 N
문서 1	$\hat{a}_{11}$	$\hat{a}_{12}$	⋯	$\hat{a}_{1j}$	⋯	$\hat{a}_{1N}$
문서 2	$\hat{a}_{21}$	$\hat{a}_{22}$	⋯	$\hat{a}_{2j}$	⋯	$\hat{a}_{2N}$
⋮	⋮	⋮	⋮	⋮	⋮	⋮
문서 i	$\hat{a}_{i1}$	$\hat{a}_{i2}$	⋯	$\hat{a}_{ij}$	⋯	$\hat{a}_{iN}$
⋮	⋮	⋮	⋮	⋮	⋮	⋮
문서 M	$\hat{a}_{M1}$	$\hat{a}_{M2}$	⋯	$\hat{a}_{Mj}$	⋯	$\hat{a}_{MN}$

M개의 행과 N개의 열을 가지고 있는 행렬 **A**에 대하여 SVD는 다음과 같이 분해를 수행한다. 여기에서 **S**는 특잇값(singular-value) $s_1 \geq s_2 \geq \cdots \geq s_N$을 원소로 갖는 대각 행렬이다.

$$\underset{M\times N}{\mathbf{A}} = \underset{M\times N}{\mathbf{V}}\ \underset{N\times N}{\mathbf{S}}\ \underset{N\times N}{\mathbf{U}'} \quad \text{또는} \quad \underset{N\times M}{\mathbf{A}'} = \underset{N\times N}{\mathbf{U}}\ \underset{N\times N}{\mathbf{S}}\ \underset{N\times M}{\mathbf{V}'} \tag{5.1}$$

예를 들어, 다음과 같은 문서-용어 빈도 행렬 **A**가 있다고 가정하자. 행렬 **A**에 SVD를 적용하면 다음과 같은 결과를 얻게 된다.

	텍스트	데이터	알고리즘	로직	사례
문서 1	1	0	1	1	0
문서 2	0	1	1	0	0
문서 3	1	0	0	0	0
문서 4	0	0	0	1	1
문서 5	0	0	0	1	0
문서 6	0	0	0	0	1

$$\mathbf{V} = \begin{pmatrix} 0.75 & -0.29 & -0.28 & 0.00 & -0.53 \\ 0.28 & -0.53 & 0.75 & 0.00 & 0.29 \\ 0.20 & -0.19 & -0.45 & 0.58 & 0.63 \\ 0.45 & 0.63 & 0.20 & 0.00 & 0.19 \\ 0.33 & 0.22 & -0.12 & -0.58 & 0.41 \\ 0.12 & 0.41 & 0.33 & 0.58 & -0.22 \end{pmatrix}$$

$$\mathbf{S} = \begin{pmatrix} 2.16 & 0 & 0 & 0 & 0 \\ 0 & 1.59 & 0 & 0 & 0 \\ 0 & 0 & 1.28 & 0 & 0 \\ 0 & 0 & 0 & 1.00 & 0 \\ 0 & 0 & 0 & 0 & 0.39 \end{pmatrix}$$

$$\mathbf{U} = \begin{pmatrix} 0.44 & -0.30 & -0.57 & 0.58 & 0.25 \\ 0.13 & -0.33 & 0.59 & 0.00 & 0.73 \\ 0.48 & -0.51 & 0.37 & 0.00 & -0.61 \\ 0.70 & 0.35 & -0.15 & -0.58 & 0.16 \\ 0.26 & 0.65 & 0.41 & 0.58 & -0.09 \end{pmatrix}$$

이와 같은 SVD에서 $\mathbf{B} = \mathbf{VS}$(또는 **V**)는 행(문서)에 대한 수량화 값이 되고, **U**는 열(용어)에 대한 수량화 값이 된다.

예를 들어, 행(문서)에 대한 차원축소를 위해 행렬 **B**에서 첫 2개의 열을 취하면 다음과 같다.

$$\mathbf{B}_{(2)} = \mathbf{V}_{(2)}\mathbf{S}_{(2)} = \begin{pmatrix} 0.75 & -0.29 \\ 0.28 & -0.53 \\ 0.20 & -0.19 \\ 0.45 & 0.63 \\ 0.33 & 0.22 \\ 0.12 & 0.41 \end{pmatrix} \begin{pmatrix} 2.16 & 0 \\ 0 & 1.59 \end{pmatrix} = \begin{pmatrix} 1.62 & -0.46 \\ 0.60 & -0.84 \\ 0.44 & -0.30 \\ 0.97 & 1.00 \\ 0.70 & 0.35 \\ 0.26 & 0.65 \end{pmatrix}$$

이때 행렬 $\mathbf{B}_{(2)}$는 행(문서)이 가지고 있는 5차원의 정보를 2차원으로 축약한 것이라고 할 수 있다.

한편, 선형대수학 이론에서 $\mathbf{VS} = \mathbf{AU}$가 성립하므로 행렬 $\mathbf{B}_{(2)}$를 다음과 같이 구할 수도 있다.

$$\mathbf{B}_{(2)} = \mathbf{A}\mathbf{U}_{(2)} = \begin{pmatrix} 1 & 0 & 1 & 1 & 0 \\ 0 & 1 & 1 & 0 & 0 \\ 1 & 0 & 0 & 0 & 0 \\ 0 & 0 & 0 & 1 & 1 \\ 0 & 0 & 0 & 1 & 0 \\ 0 & 0 & 0 & 0 & 1 \end{pmatrix} \begin{pmatrix} 0.44 & -0.30 \\ 0.13 & -0.33 \\ 0.48 & -0.51 \\ 0.70 & 0.35 \\ 0.26 & 0.65 \end{pmatrix} = \begin{pmatrix} 1.62 & -0.46 \\ 0.60 & -0.84 \\ 0.44 & -0.30 \\ 0.97 & 1.00 \\ 0.70 & 0.35 \\ 0.26 & 0.65 \end{pmatrix}$$

즉, 행렬 $\mathbf{B}_{(2)}$의 각 열들은 다음과 같은 선형결합(linear composite)의 형식을 취하고 있음을 알 수 있다.

$$\begin{cases} \mathbf{b}_1 = 0.44\,\mathbf{a}_1 + 0.13\,\mathbf{a}_2 + 0.48\,\mathbf{a}_3 + 0.70\,\mathbf{a}_4 + 0.26\,\mathbf{a}_5 \\ \mathbf{b}_2 = -0.30\,\mathbf{a}_1 - 0.33\,\mathbf{a}_2 - 0.51\,\mathbf{a}_3 + 0.35\,\mathbf{a}_4 + 0.65\,\mathbf{a}_5 \end{cases}$$

따라서 위의 식에서 가중치로 사용된 행렬 **U**의 원소들을 살펴봄으로써 각 차원 점수들의 의미를 해석할 수도 있다.

마지막으로 텍스트 클러스터(Text Cluster) 노드에서는 각 문서(행)에 대한 원소들의 제곱합이 1이 되도록 정규화한다. 예를 들어, 첫 번째 문서의 좌표 $(1.62,\ -0.46)$에 대하여 $1.62^2 + (-0.46)^2 = 2.836$이므로 정규화 좌표는 $(1.62/\sqrt{2.836},\ -0.46/\sqrt{2.836}) = (0.96,\ -0.27)$이 된다.

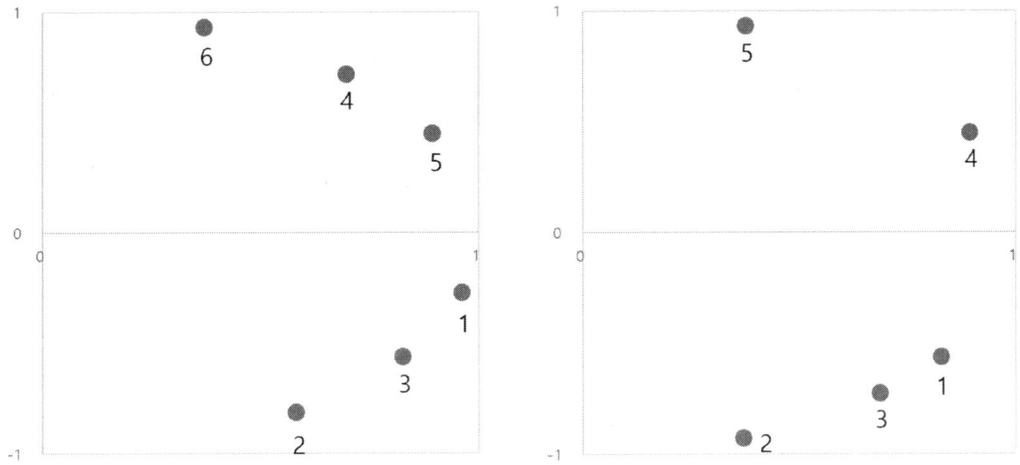

(a) 문서 (b) 용어

⟨그림 5.6⟩ 문서와 용어에 대한 2차원 도표

이러한 식으로 모든 문서들에 대한 정규화 좌표를 구하면 다음과 같다.

$$\mathbf{V}^{*}_{(2)} = \begin{pmatrix} 0.96 & -0.27 \\ 0.58 & -0.81 \\ 0.83 & -0.56 \\ 0.70 & 0.72 \\ 0.89 & 0.45 \\ 0.37 & 0.93 \end{pmatrix}$$

⟨그림 5.6⟩의 (a)는 행렬 $\mathbf{B}^{*}_{(2)}$의 좌표를 이용하여 2차원 도표를 작성한 것이다. 이를 통해 문서들의 유사성(멀고 가까운 정도)을 살펴볼 수 있다.

한편, 행렬 $\mathbf{U}$에 대하여 앞에서와 유사한 과정을 수행하여 용어(열)에 대한 차원 점수들을 구하고 해석할 수 있다. 이 예에서 용어(열)에 대한 정규화 좌표는 다음과 같다(그림 5.6 참조).

$$\mathbf{U}^{*}_{(2)} = \begin{pmatrix} 0.83 & -0.56 \\ 0.37 & -0.93 \\ 0.69 & -0.73 \\ 0.89 & 0.45 \\ 0.37 & 0.93 \end{pmatrix}$$

SVD에서 행렬 **S**의 원소들을 특잇값(singular-value)이라고 하며, 특잇값의 제곱은 각 차원이 가지는 설명분산(explained variance)을 의미한다. 따라서 다음과 같은 조건을 만족하는 m을 구하여 보유할 차원의 개수를 결정할 수 있다.

$$\frac{1}{L}\sum_{j=1}^{m} s_j^2 \geq C \tag{5.2}$$

여기에서 L은 모든 특잇값들의 제곱합이고(즉, $L = \sum_{j=1}^{p} s_j^2$), C는 지정된 옵션에 의해 주어진 기준값이다.

텍스트 클러스터(Text Cluster) 노드의 속성 패널에서 'SVD 분해 수준'을 지정할 수 있는데(그림 5.1 참조), 각 옵션에 대하여 대응되는 C의 값은 다음과 같다.

$$\begin{cases} \text{낮게} = 2/3 = 66.67\% \\ \text{중간} = 5/6 = 83.3\% \\ \text{높게} = 100\% \end{cases}$$

5.4 클러스터 알고리즘

텍스트 클러스터(Text Cluster) 노드에서는 군집화(clustering, 클러스터링)를 위해 두 가지 알고리즘을 사용할 수 있다 – EM 군집화(expectation-maximization clustering), 계층적 군집화(hierarchical clustering). 두 가지 알고리즘 모두 원래의 (가중)문서-빈도 행렬을 낮은 차원으로 표현하기 위하여 SVD(특잇값 분해)를 이용한다.

5.4.1 계층적 군집화

계층적(hierarchical) 군집분석에서는 일반적으로 가까운 개체들을 하나씩 묶어감으로써 군집을 형성해 나간다. 즉, n개의 개체가 있다고 할 때, 먼저 가장 가까운 두 개의 개체를 묶어서 하나의 군집을 만들고 나머지 $(n-2)$개의 개체 각각이 하나의 군집을 이루도록 한다. 그 다음에는 이렇게 만들어진 $(n-1)$개의 군집들 중에서 가장 가까운 두 개의 군집을 묶어 $(n-2)$개의 군집을 만든다. 이와 같은 과정은 군집들 간의 거리의 측도를 기준으로 각 단계마다 한 쌍씩 서로 병합되어, 최종적으로 n개의 개체들을 모두 묶어 하나의 군집을 만드는 단계까지 계속한다.

그런데 이와 같은 계층적 군집분석은 어떤 개체가 일단 다른 군집에 속하면 다시는 같은 군집에 속하지 못하는 성질을 가지고 있다. 한편, 계층적 군집방법의 병합과정은 덴드로그램(dendrogram, 그림 5.7) 또는 클러스터 계층 도표(그림 5.3)를 사용하여 시각적으로 표현할 수 있으며, 이는 전체 군집들 간의 구조적 관계를 살펴보는 데 매우 유용하다.

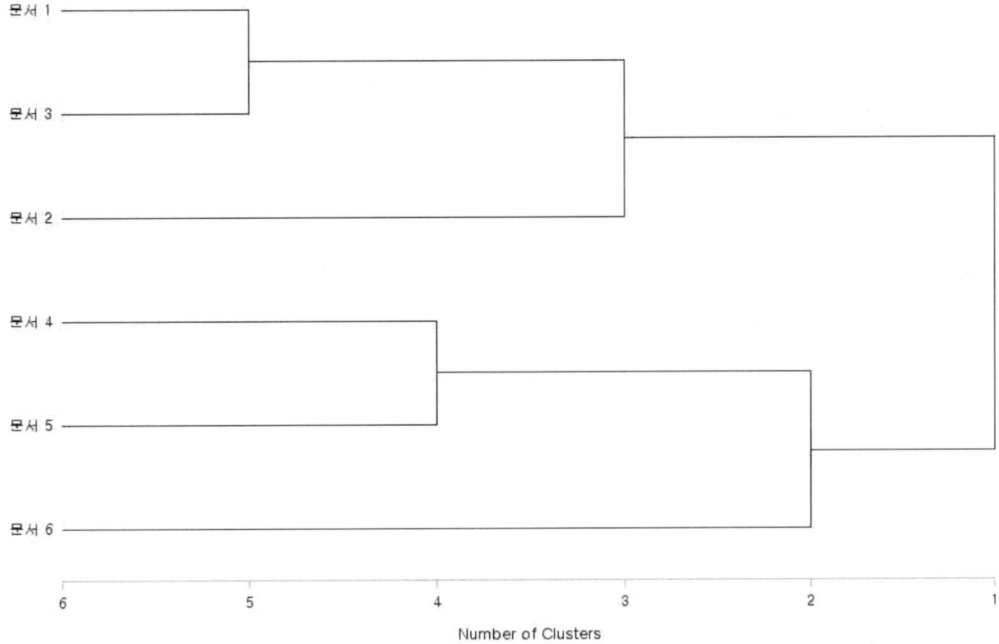

⟨그림 5.7⟩ 덴드로그램(Dendrogram)

⟨그림 5.7⟩은 앞 절의 행렬 $\mathbf{V}^*_{(2)}$에 대하여 계층적 군집분석을 수행함으로써 얻은 덴드로그램이다.

텍스트 클러스터(Text Cluster) 노드에서는 계층적 군집화를 위해 Ward의 최소분산 방법을 사용한다. 이 방법은 군집의 평균과 개체들 사이의 편차들의 제곱합(ESS; Error Sum of Squares)을 고려하여, 각 단계에서 두 군집의 병합으로 인한 ESS의 증분(정보의 손실)이 최소가 되도록 군집들을 병합한다. 결론적으로 Ward의 방법에서는 두 군집 C_1과 C_2 사이의 거리를 다음과 같이 정의한다.

$$d(C_1,\ C_2) = \frac{||\bar{\mathbf{x}}_1 - \bar{\mathbf{x}}_2||^2}{1/n_1 + 1/n_2} \tag{5.3}$$

여기에서 $\bar{\mathbf{x}}_1$과 $\bar{\mathbf{x}}_2$는 두 군집의 평균을 나타내고, n_1과 n_2는 두 군집의 크기를 나타낸다. 이러한 Ward의 방법은 크기가 작은 군집을 먼저 병합함으로써 비슷한 크기의 군집들을 유도하는 경향이 있다.

또한 Ward의 방법을 이용하는 경우 군집의 개수에 따른 ESS의 증분을 검토하여 급격한 변화가 일어나는 위치에서 대응되는 군집의 개수를 결정한다.[1]

[1]군집의 개수를 결정하는 방법들에 대하여는 "예제로 배우는 SAS 다변량 자료분석 입문(강현철 등, 2005)"을 참조하기 바란다.

5.4.2 EM 군집화

EM(expectation-maximization) 군집화는 데이터가 혼합모형(mixed model)으로부터 발생되었다고 가정하며, 데이터를 통해 분포를 추정하고 발생 확률이 가장 높은 분포에 각 개체를 군집에 할당한다.

먼저 k개의 클러스터 밀도함수(cluster density function) f_h가 있고($h = 1,\ 2, \cdots,\ k$), d개의 변수를 가진 확률벡터 $\mathbf{x}$가 있다고 가정하면, 혼합모형 확률밀도함수(mixture model probability density function)를 다음과 같이 표현할 수 있다.

$$p(\mathbf{x}) = \sum_{h=1}^{k} w_h f_h(\mathbf{x}|\boldsymbol{\mu}_h, \boldsymbol{\Sigma}_h) \tag{5.4}$$

여기에서 w_h는 초기 클러스터 h에 속하는 데이터의 비율을 나타낸다. 그리고 각 군집은 다음과 같은 d-차원 가우시안 확률분포(Gaussian probability distribution)에 의해 모델링 된다.

$$f_h(\mathbf{x}|\boldsymbol{\mu}_h, \boldsymbol{\Sigma}_h) = \frac{1}{\sqrt{(2\pi)^d|\boldsymbol{\Sigma}_h|}} \exp\left(-\frac{1}{2}(\mathbf{x}-\boldsymbol{\mu}_h)'\boldsymbol{\Sigma}_h^{-1}(\mathbf{x}-\boldsymbol{\mu}_h)\right) \tag{5.5}$$

여기에서 $\boldsymbol{\mu}_h$와 $\boldsymbol{\Sigma}_h$는 클러스터 h에 대한 평균 벡터와 공분산 행렬을 나타낸다.

텍스트 클러스터(Text Cluster) 노드에서는 EM 군집화를 위해 다음과 같은 반복적인 과정을 수행한다.

1. 초기 모수 추정치를 얻는다.
2. EM 알고리즘을 적용하여 초기 클러스터를 찾고(E-단계) 모수 추정치를 갱신한다(M-단계). 두 개의 연속적인 로그우도(log likelihood) 값이 특정 양만큼 다르거나 최대 5회 반복을 수행한 후 EM 알고리즘이 종료된다. 데이터셋의 크기가 충분히 작을 경우에는 전체 데이터셋에 표준(standard) EM 알고리즘이 적용되고, 그렇지 않은 경우에는 데이터셋의 일부에 척도화(scaled) EM 알고리즘이 적용된다.
3. (척도화 EM 알고리즘의 경우) 초기 요약 단계에서 데이터를 요약한다. – 각 초기 클러스터 평균 근처에 있는 관측치가 요약된다. 초기 클러스터가 최소로 요구되는 관측치보다 적은 관측치를 갖는 경우 이 클러스터는 비활성화되며, 비활성화된 클러스터는 모수 추정치를 갱신할 때 사용되지 않는다.
4. (척도화 EM 알고리즘의 경우) 2차 요약 단계에서 데이터를 요약한다. – 2차 클러스터는 k-평균 군집화 알고리즘으로부터 얻어지는 관측치들의 하위 집합으로 식별되며, 여기서 각 변수에 대한 표본 표준편차는 지정된 양을 넘지 않게 한다. 그 다음, 계층적 병합 알고리즘을 사용하여 유사한 2차 클러스터들을 병합한다.

반복 j에서 데이터셋의 각 관측치 $\mathbf{x}$에 대한 표준 EM 알고리즘의 모수 추정값은 다음과 같이 계산된다.

(1) 각 클러스터 $h = 1, \cdots, k$에 대하여 $\mathbf{x}$의 관측 확률을 다음과 같이 계산한다(E-단계).

$$w_h^j(\mathbf{x}) = \frac{w_h^j f_h(\mathbf{x}|\boldsymbol{\mu}_h^j, \boldsymbol{\Sigma}_h^j)}{\sum w_i^j f_i(\mathbf{x}|\boldsymbol{\mu}_i^j, \boldsymbol{\Sigma}_i^j)} \tag{5.6}$$

(2) 각 클러스터 $h = 1, \cdots, k$에 대하여 혼합모형 모수를 다음과 같이 갱신한다(M-단계).

$$w_h^{j+1} = \sum_{\mathbf{x}} w_h^j(\mathbf{x}) \tag{5.7}$$

$$\boldsymbol{\mu}_h^{j+1} = \frac{\sum_{\mathbf{x}} w_h^j(\mathbf{x})\mathbf{x}}{\sum_{\mathbf{x}} w_h^j(\mathbf{x})} \tag{5.8}$$

$$\boldsymbol{\Sigma}_h^{j+1} = \frac{\sum_{\mathbf{x}} w_h^j(\mathbf{x})(\mathbf{x} - \boldsymbol{\mu}_h^{j+1})(\mathbf{x} - \boldsymbol{\mu}_h^{j+1})'}{\sum_{\mathbf{x}} w_h^j(\mathbf{x})} \tag{5.9}$$

(3) $|L(\Phi^j) - L(\Phi^{j+1})| \leq \epsilon$이면 반복 계산을 종료한다($\epsilon > 0$). 여기에서 $L(\Phi)$는 다음과 같이 정의된다.

$$L(\Phi) = \sum_{\mathbf{x}} \log \left[\sum_{h=1}^{k} w_h f_h(\mathbf{x}|\boldsymbol{\mu}_h, \boldsymbol{\Sigma}_h) \right] \tag{5.10}$$

5.5 HPTMINE 프로시저

3.4절에서와 유사하게 SVD(특잇값 분해)를 HPTMINE 프로시저를 이용하여 프로그램 방식으로도 가능하다. 또한 HPTMINE 프로시저를 이용하면 SVD의 결과를 SAS 데이터셋으로 저장할 수 있다는 장점이 있다.

5.5.1 HPTMINE 프로시저의 사용 사례

3.4절에서와 유사하게 프로그램 편집기에 SVD를 위한 SAS 프로그램을 작성하고 실행하여 보자.

⟨예 5.1⟩ SVD를 위한 HPTMINE 프로시저의 사용 사례

```
PROC HPTMINE DATA=tmsample.news_article LANGUAGE=Korean;
    VAR document;
    DOC_ID doc_id;
    PARSE TERMWGT=ENTROPY CELLWGT=LOG REDUCEF=4 ENTITIES=STD;
```

```
    SELECT "Aux" "Conj" "Det" "Interj" "Part" "Prep" "Pron"
           / GROUP="POS" IGNORE;
    SELECT "Punct" "Num" / GROUP="ATTRIBUTES" IGNORE;
    SVD MAX_K=100 RESOLUTION=LOW
        SVDU=tmsample.svdu SVDV=tmsample.svdv SVDS=tmsample.svds
        OUTDOCPRO=tmsample.outdocpro;
    PERFORMANCE DETAILS;
RUN;
```

〈예 5.1〉에서 볼 수 있는 바와 같이 SVD 명령문은 SVD(특잇값 분해)를 수행하며, 다음과 같은 명령문과 옵션을 사용할 수 있다. PARSE 명령문 등에 대하여는 3.4절을 참조하기 바란다.

○ **SVD 명령문**

- MAX_K=: 추출되는 최대 차원의 수를 지정한다(디폴트: 100). 지정된 숫자보다 작은 범위에서 적절한 차원의 수를 탐색한다.
- RESOLUTION=LOW|MED|HIGH: SVD의 분해 수준을 지정한다(5.3절 참조). LOW를 지정하면 추출되는 차원의 수가 적어진다(추출된 정보가 간략화되지만 정보의 손실이 많을 수 있다). HIGH를 지정하면 추출되는 차원의 수가 많아진다(보다 많은 정보가 추출되지만 불필요한 정보가 포함될 수 있다).
- K=: 추출되는 차원의 수를 지정한다. 이 옵션은 MAX_K= 옵션과 함께 사용할 수 없다.
- SVDU=: **U** 행렬이 저장될 SAS 데이터셋을 지정한다(5.3절 참조).
- SVDV=: **V** 행렬이 저장될 SAS 데이터셋을 지정한다(5.3절 참조).
- SVDS=: **S** 행렬이 저장될 SAS 데이터셋을 지정한다(5.3절 참조).
- OUTDOCPRO=: 정규화된 문서 차원점수 행렬($\mathbf{V}^*$)이 저장될 SAS 데이터셋을 지정한다(5.3절 참조).

5.5.2 SVDU, SVDV, SVDS 데이터셋

HPTMINE 프로시저에서는 SVDU, SVDV, SVDS 옵션에 의해 SVD(singular value decomposition)의 결과를 여러 개의 SAS 데이터셋으로 출력한다. 이 예에서는 40개의 차원이 추출되었으며, 이들 데이터셋에는 각 차원의 점수들이 저장되어 있다. 〈표 5.2〉 ~ 〈표 5.4〉에는 첫 10개만을 제시하였다.

5.3절에서 설명하였듯이 **U** 행렬은 용어 차원의 값을 나타내고, **V** 행렬은 문서-차원의 값을 나타내며, **S** 행렬은 특잇값(singular value)을 나타낸다.

〈표 5.2〉 SVDU 데이터셋(일부)

OBS	COL1	COL2	···	COL40
1	0.000710	-0.000799	···	0.002594
2	0.001512	-0.001733	···	0.002096
3	0.005737	-0.006448	···	0.022728
4	0.001154	-0.001436	···	0.003173
5	0.000844	-0.000790	···	-0.003696
6	0.000315	-0.000377	···	0.001072
7	0.000537	-0.000588	···	0.001270
8	0.010238	-0.011008	···	-0.005112
9	0.005806	-0.005977	···	0.000728
10	0.001040	-0.001376	···	-0.003217
···	···	···	···	···
22238	0.017273	0.023921	···	0.002385

〈표 5.3〉 SVDV 데이터셋(일부)

OBS	_ID_	COL1	COL2	···	COL40
1	9fb92c5f16e03eb1	0.007714	-0.005843	···	0.005338
2	bb5f73431ba4efe3	0.010092	-0.008200	···	0.065904
3	429abb7e9d700729	0.004293	-0.004408	···	0.003780
4	d52e91ce3a738069	0.007221	0.000010	···	-0.005803
5	d68a76bb010ec3fe	0.008986	-0.006602	···	0.013031
6	45e811d6073e1fee	0.020528	-0.010049	···	0.004618
7	3449b75732ca96d2	0.003591	0.000600	···	-0.002865
8	59df87bf0fa4f751	0.020134	-0.006894	···	-0.021295
9	a361350ff583cc8e	0.009116	-0.009402	···	0.017619
10	a1ff15f951a7a0e8	0.015651	-0.007926	···	-0.008320
···	···	···	···	···	···
4000	ca697e51e8893288	0.000001	0.000001	···	0.000001

5.5.3 OUTDOCPRO 데이터셋

이 데이터셋에는 정규화된 문서 차원점수 행렬 $\mathbf{V}^*$가 저장되어 있다(표 5.5 참조). 이 데이터셋의 각 변수는 5.2.3절에서 설명한 '내보내 데이터'의 TextCluster_SVD1, TextCluster_SVD2, ···, TextCluster_SVDm과 동일하다.

〈표 5.4〉 SVDS 데이터셋(일부)

OBS	_ID_	S
1	1	91.9875
2	2	74.1346
3	3	55.8433
4	4	49.5326
5	5	42.1781
6	6	39.2782
7	7	37.7418
8	8	34.9495
9	9	33.8101
10	10	33.6537
···	···	···
40	40	22.8007

〈표 5.5〉 OUTDOCPRO 데이터셋(일부)

OBS	_ID_	COL1	COL2	···	COL40
1	9fb92c5f16e03eb1	0.43321	-0.26444	···	0.07430
2	bb5f73431ba4efe3	0.18518	-0.12126	···	0.29976
3	429abb7e9d700729	0.40974	-0.33911	···	0.08943
4	d52e91ce3a738069	0.51376	0.00055	···	-0.10235
5	d68a76bb010ec3fe	0.36810	-0.21794	···	0.13231
6	45e811d6073e1fee	0.58685	-0.23153	···	0.03272
7	3449b75732ca96d2	0.27620	0.03722	···	-0.05462
8	59df87bf0fa4f751	0.68233	-0.18830	···	-0.17888
9	a361350ff583cc8e	0.39375	-0.32730	···	0.18865
10	a1ff15f951a7a0e8	0.27250	-0.11121	···	-0.03591
···	···	···	···	···	···
4000	ca697e51e8893288	0.39865	-0.26087	···	0.15368

제 6 장
텍스트 토픽 분석

Text Topic Analysis

이 장에서는 텍스트 토픽(Text Topic) 노드를 활용하여 문서들에 포함되어 있는 소수의 토픽을 찾아내고, 문서들 또는 용어들 간의 관계를 파악하는 내용을 설명한다.

6.1 텍스트 토픽(Text Topic) 노드

텍스트 토픽(Text Topic) 노드는 일반적으로 텍스트 필터(Text Filter) 노드의 다음에 위치하며, 차원축소와 통계적 알고리즘을 통해 문서들에 포함되어 있는 소수의 토픽을 찾아내는 작업을 수행할 수 있다. 여기에서 토픽(topic)이란 구조화되지 않은 문서들 속에 들어 있는 공통된 주제를 의미한다.

앞 장에서 설명한 '텍스트 클러스터링'에서는 각 문서를 특정 군집(cluster)에만 상호배타적으로 할당하지만, '텍스트 토픽 분석'에서는 각각의 문서와 단어를 여러 개의 토픽에 할당한다. 즉, '텍스트 토픽 분석'에서는 상호배타적인 분류를 하는 것이 아니므로, 어떤 문서는 어느 토픽에도 할당되지 않을 수 있고, 어떤 문서는 여러 가지 토픽에 동시에 할당될 수도 있다.

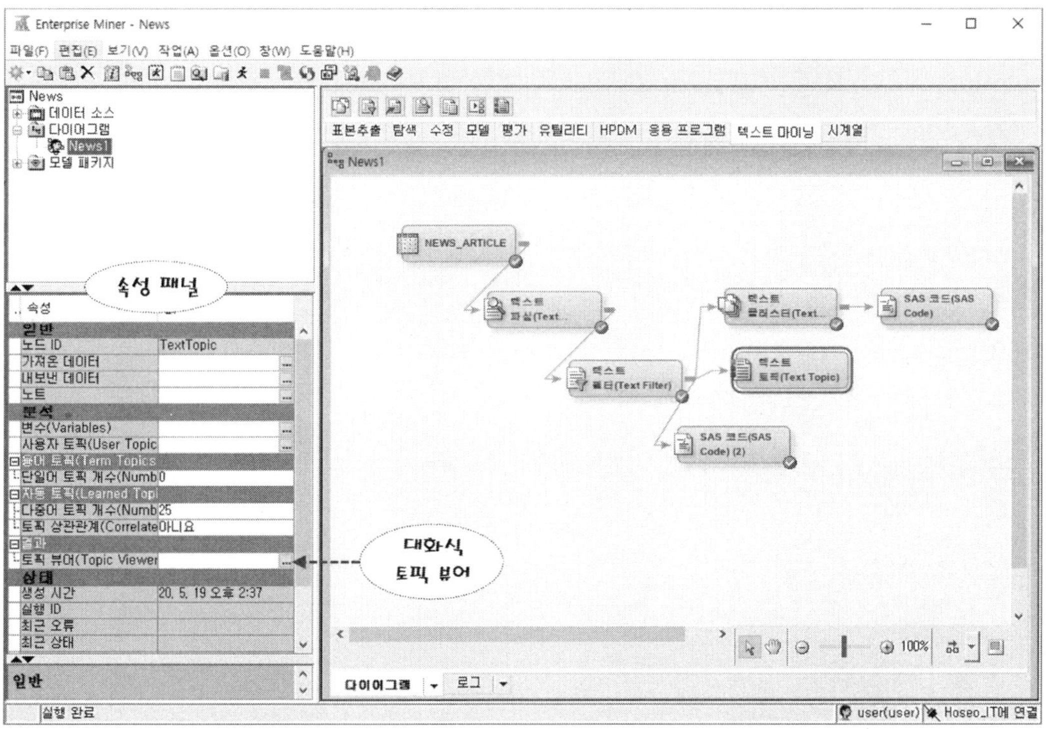

〈그림 6.1〉 텍스트 토픽(Text Topic) 노드의 속성 패널

텍스트 토픽(Text Topic) 노드를 수행하기 위해서는 먼저 텍스트 파싱(Text Parsing) 노드와 텍스트 필터(Text Filter) 노드를 수행해야 한다. 만약 텍스트 필터(Text Filter) 노드를 생략하고 텍스트 파싱(Text Parsing) 노드에 텍스트 토픽(Text Topic) 노드를 바로 연결하여 실행하면, 가중치를 계산할 때 텍스트 필터(Text Filter) 노드의 기본값(Default)을 사용한 결과와 같게 된다. 즉, 빈도 가중치는 Log(로그)를 사용하고, 용어 가중치는 Entropy(엔트로피)를 사용하게 된다.

⟨그림 6.1⟩은 텍스트 토픽(Text Topic) 노드의 속성 패널을 보여주고 있는데, 여기에서 지정할 수 있는 주요 속성들은 다음과 같다.

○ 사용자 토픽(User Topics)

사용자가 토픽을 임의로 생성하여 토픽 분석에 반영할 수 있다. SAS 데이터셋을 지정하거나 추가 기능을 통해 사용자 토픽을 생성할 수 있다.

○ 단일어 토픽 개수(Number of Single-term Topics)

단일어 토픽을 몇 개 생성할 것인지를 지정한다(최대 1,000개). 여기에서 단일어는 하나의 형태소로 이루어진 언어를 의미한다.

○ 다중어 토픽 개수(Number of Multi-term Topics)

다중어로 구성된 토픽을 몇 개 생성할 것인지를 지정한다(디폴트: 25). 여기에서 다중어는 여러 개의 형태소로 이루어진 언어를 의미한다. 이 속성은 SVD를 이용한 차원축소에서 차원의 수를 지정하는 것이다(6.3절 참조).

○ 토픽 상관관계(Correlated Topics)

SVD 차원 점수를 생성할 때 직교회전(orthogonal rotation)할 것인지 아니면 사각회전(oblique rotation)할 것인지를 지정한다. 이 속성을 '예'로 지정하면 SVD 차원 점수들이 서로 상관성을 가지게 된다(5.3절 참조).

○ 토픽 뷰어(Topic Viewer)

텍스트 토픽(Text Topic) 노드가 수행된 후 이 속성을 통해 토픽 분석 결과를 대화식으로 살펴볼 수 있다.

6.2 노드 결과

텍스트 토픽(Text Topic) 노드를 수행하면 ⟨그림 6.2⟩와 같은 결과 윈도들이 출력된다. 여기에서는 이 윈도들의 내용을 간단히 설명하도록 한다.

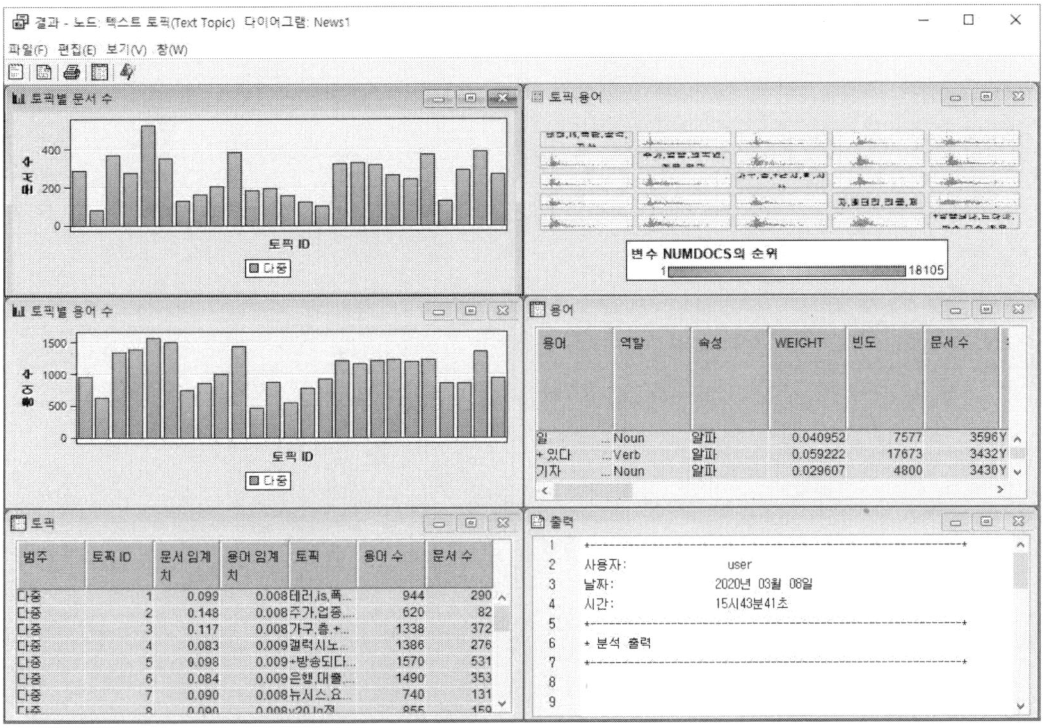

〈그림 6.2〉 텍스트 토픽(Text Topic) 노드의 결과 윈도

범주	토픽 ID	문서 임계치	용어 임계치	토픽	용어 수	문서 수
다중	1	0.099	0.008	테러,is,폭탄,공격,자살	944	290
다중	2	0.148	0.008	주가,업종,외국인,매물,원대	620	82
다중	3	0.117	0.008	가구,층,+단지,m²,지상	1338	372
다중	4	0.083	0.009	갤럭시노트,삼성전자,배터리,리콜,제품	1386	276
다중	5	0.098	0.009	+방송되다,드라마,방송,모습,배우	1570	531
다중	6	0.084	0.009	은행,대출,금융,금리,kb	1490	353
다중	7	0.090	0.008	뉴시스,요르단,영상,+공감#언론,공감	740	131
다중	8	0.090	0.008	v20,lg전자,lg,전자,오디오	855	159
다중	9	0.101	0.008	터키,쿠데타,에르도안,대통령,+에르도안#대통령	1003	205
다중	10	0.081	0.009	서비스,카카오,앱,콘텐츠,이용자	1437	384
다중	11	0.084	0.008	방인,이데일리,삼성서비스센터,삼성서비스,교환	464	181
다중	12	0.087	0.008	인증,홍채,뱅킹,공인인증서,서비스	858	197
다중	13	0.077	0.008	농협,nh,전년,순손실,상반기	544	156
다중	14	0.077	0.008	보험,편심,사보험,+간#편심#사보험,보험사	767	122
다중	15	0.072	0.008	사장,대우건설,후보,신임,박	911	99
다중	16	0.091	0.009	',',갤럭시,할인,원	1213	325
다중	17	0.094	0.009	애플,아이폰,워치,+애플#워치,플러스	1150	332
다중	18	0.075	0.009	서울시,양재,cd,개발,우면	1213	321
다중	19	0.084	0.008	시리아,알레포,반군,러시아,정부군	1226	265
다중	20	0.074	0.009	공사,수주,홍콩,삼성물산,첵랍콕	1186	242
다중	21	0.094	0.009	아파트,전세,전셋값,부동산,월세	1215	375
다중	22	0.061	0.008	+마이#데일리,마이,데일리,기사,대회	846	131
다중	23	0.083	0.008	보증,분양가,분양,3.3m²,hug	854	294
다중	24	0.076	0.009	뉴시스,원,분기,+공감#언론,공감	1359	391
다중	25	0.074	0.009	일간스포츠,2일 오후,+열리다,+참석하다,오후	924	273

〈그림 6.3〉 토픽 테이블

6.2.1 토픽 테이블

각 토픽에 대한 정보를 테이블의 형태로 출력한다. 이 테이블에서 주요 칼럼의 내용은 다음과 같다.

- 범주(Category): 사용자(user-defined), 단순(single-term), 다중(multi-term) 등 각 토픽의 범주가 제시된다.
- 토픽 ID(Topic ID): 각 토픽의 번호를 나타낸다. 이 예에서는 25개의 토픽이 생성되어 있다.
- 문서 임계치(Document Cutoff): 한 문서가 이 토픽에 포함되기 위한 SVD 차원점수의 최솟값(minimum topic membership)을 나타낸다(6.3절 참조).
- 용어 임계치(Term Cutoff): 한 용어가 이 토픽에 포함되기 위한 SVD 차원점수의 최솟값(minimum topic weight)을 나타낸다(6.3절 참조).
- 토픽(Topic): 각 토픽을 기술하는 용어들이 제시된다. 예를 들어, 이 사례에서 첫 번째 토픽 특징을 나타내는 용어들은 '테러, 폭탄, 공격, 자살, ⋯' 등 주로 테러와 관련된 용어들임을 볼 수 있다. 두 번째 토픽의 특징을 나타내는 용어들은 '주가, 업종, 외국인, 매물, 원대, ⋯' 등 주로 주식과 관련된 용어들임을 볼 수 있다.
- 용어 수(Number of Terms): 각 토픽에 포함된 용어의 수가 제시된다.
- 문서 수(Number of Documents): 각 토픽에 포함된 문서의 수가 제시된다.

6.2.2 용어 테이블

각 토픽에 대한 정보를 테이블의 형태로 출력한다. 이 테이블에서 주요 칼럼의 내용은 다음과 같다.

- 용어(Term): 추출된 용어가 제시된다.
- 역할(Role): 용어들의 품사가 제시된다.
- 속성(Attribute): 알파(Alpha: 문자로만 이루어진 용어), 엔터티(Entity), 혼합(Mixed: 문자와 숫자가 혼합되어 있는 용어) 등 용어들의 속성이 제시된다(3.2절 참조).
- 가중(Weight): 용어 가중치가 제시된다.
- 빈도(Frequency): 용어들이 나타난 빈도가 제시된다.
- 문서 수(Number of Documents): 용어들이 나타난 문서 수가 제시된다.
- 유지(Keep): 각 용어가 결과에 유지될 것인지의 여부가 제시된다.
- 순위(Rank): 용어가 추출된 문서 수에 따라서 순위가 제시된다.
- 토픽1, 토픽2, ⋯: 각 용어별, 토픽별 SVD 차원 점수들이 제시된다.

용어	역할	속성	WEIGHT	빈도	문서 수	유지	변수 NUMDOCS 의 순위	테러,is,폭탄,공격,자살	주가,업종,외국인,매물,원대	가구,층,+단지,㎡,지상	갤럭시노트,삼성전자,배터리,리콜,제품
일	...Noun	알파	0.040952	7577	3596	Y	1	0.016	0.004	-0.003	-0.002
+ 있다	...Verb	알파	0.059222	17673	3432	Y	2	0.026	0.017	0.029	0.024
기자	...Noun	알파	0.029607	4800	3430	Y	3	0.005	0	-0.001	0.001
금지	...Noun	알파	0.035104	3075	3023	Y	4	0.005	0.001	0.002	-0.009
무단	...Noun	알파	0.035865	3126	3012	Y	5	0.006	0.001	0.002	-0.01
전재	...Noun	알파	0.034712	3000	2999	Y	6	0.006	0.001	0.002	-0.009
재배포	...Noun	알파	0.043337	2793	2792	Y	7	0.006	0.001	0.002	-0.011
+ 무단#전재...	명사 그룹	혼합	0.04416	2774	2773	Y	8	0.006	0.001	0.002	-0.01
+ 재배포#금...	명사 그룹	혼합	0.044814	2759	2758	Y	9	0.006	0.001	0.002	-0.011
©	...Punct	알파	0.050874	2749	2662	Y	10	0.004	0.002	0.005	-0.013
등	...Noun	알파	0.080621	7157	2638	Y	11	0.015	0	0.025	-0.001
+ 하다	...Verb	알파	0.097065	7977	2582	Y	12	0.028	0.014	-0.002	0.042
+ 것	...Noun	알파	0.092567	8357	2573	Y	13	0.029	0	-0.008	0.053
및	...Adv	알파	0.071715	3547	2547	Y	14	0.01	0.009	0.01	-0.014
수	...Noun	알파	0.105076	6369	2234	Y	15	0.002	0.01	0.027	0.026
+ 되다	...Verb	알파	0.127112	3190	1722	Y	16	0.002	0.013	0	0.024
+ 밝히다	...Verb	알파	0.119429	2203	1654	Y	17	0.03	-0.005	-0.006	0
년	...Noun	알파	0.146343	4499	1647	Y	18	0.024	0.025	0.018	0.011
월	...Noun	알파	0.146151	4013	1647	Y	18	0.027	0.034	0.023	-0.002
중	...Noun	알파	0.137139	2741	1534	Y	20	0.024	0.025	0.043	0.025
+ 따르다	...Verb	알파	0.134929	2331	1507	Y	21	0.024	-0.009	0.004	0.019
+ 지나다	...Verb	알파	0.14228	2167	1435	Y	22	0.034	0.006	-0.002	0.027
+ 말하다	...Verb	알파	0.142785	2098	1431	Y	23	0.018	0.005	-0.008	0.029
+ 위하다	...Verb	알파	0.144923	2439	1426	Y	24	0.004	-0.005	-0.005	0.01
+ 통하다	...Verb	알파	0.146409	2325	1404	Y	25	0.001	-0.003	0.002	-0.006
+ 않다	...Verb	알파	0.153521	2652	1388	Y	26	0.025	0.01	-0.007	0.062
+ 대하다	...Verb	알파	0.159065	2471	1342	Y	27	0.012	-0.005	-0.01	0.051
+ 받다	...Verb	알파	0.155575	2073	1300	Y	28	0.018	0.009	-0.001	0.006
+ 보다	...Verb	알파	0.179292	2815	1271	Y	29	0.009	0.057	0.007	0.029

〈그림 6.4〉 용어 테이블

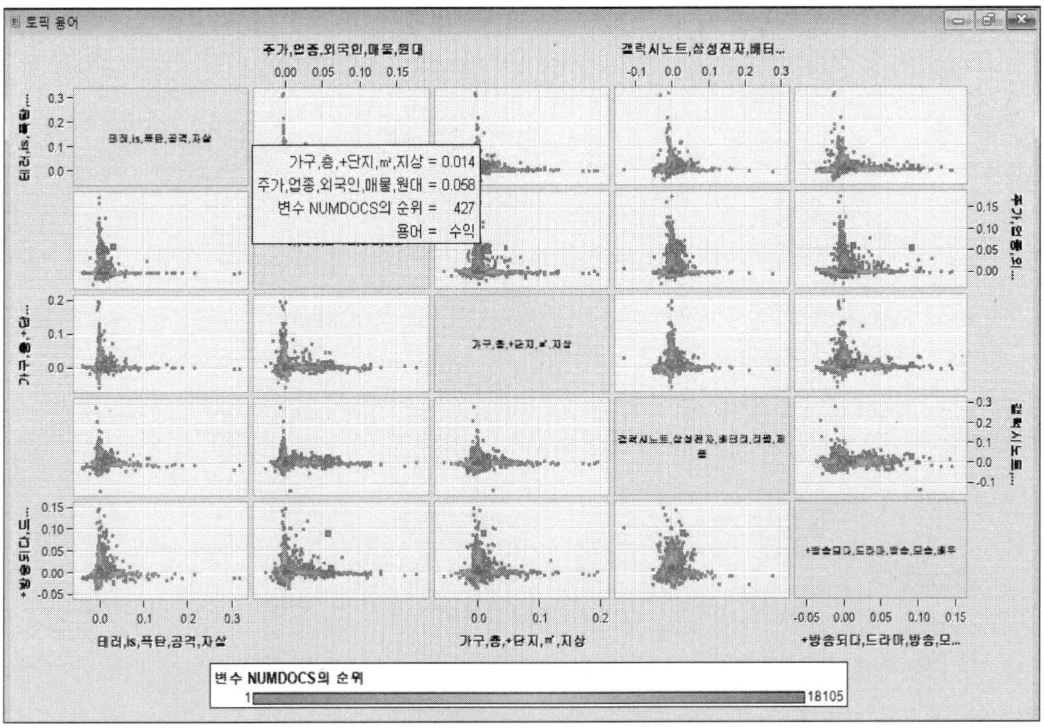

〈그림 6.5〉 토픽 용어 행렬 도표

6.2.3 도표

⟨그림 6.2⟩에서 볼 수 있는 바와 같이 **텍스트 토픽**(Text Topic) 노드는 다음과 같은 도표들을 출력한다.

- **토픽별 문서 수**(Number of Documents by Topics): 각 토픽에 속한 문서의 수를 막대도표의 형태로 출력한다.
- **토픽별 용어 수**(Number of Terms by Topics): 각 토픽에 속한 용어의 수를 막대도표의 형태로 출력한다.
- **토픽 용어**(Topic Terms): 용어 테이블에 제시되어 있는 각 용어별, 토픽별 SVD 차원 점수들을 행렬 도표의 형태로 출력한다(그림 6.5 참조). 각 토픽들의 쌍별로 도표가 출력되며, 도표에서 임의의 점을 클릭하면 해당 용어의 SVD 차원 점수가 나타난다.

6.2.4 토픽 뷰어

텍스트 토픽(Text Topic) 노드를 수행한 후, 이 노드의 속성 패널(그림 6.1)에서 '대화식 토픽 뷰어'(Interactive Topic Viewer)를 활성화하면,[1] ⟨그림 6.6⟩과 같은 결과 윈도들이 출력된다.

'대화식 토픽 뷰어'에서는 토픽, 용어, 문서들의 내용을 살펴볼 수 있으며, 각 토픽에 포함되는 용어와 문서들을 구별하여 탐색할 수 있다.

○ 토픽 테이블

각 토픽의 주요 용어와 임계치 등을 살펴볼 수 있다(6.2.1절 참조). 이 테이블에서 특정 토픽의 이름을 더블클릭하면 용어 테이블과 문서 테이블에서 해당 토픽과 관련되어 있는 용어 및 문서들만 제시된다.

이 테이블의 '용어 임계치'와 '문서 임계치' 칼럼은 해당 토픽에 특정 용어 또는 문서가 할당될 때 기준이 되는 SVD 차원점수의 최솟값을 의미한다(6.3절 참조). 또한 '용어 수' 칼럼은 해당 토픽에 할당된 용어의 개수를 나타내며, '문서 수' 칼럼은 해당 토픽에 할당된 문서의 개수를 나타낸다.

○ 용어 테이블

각 용어별 토픽 가중치, 역할(품사 등), 문서 수, 빈도 등을 살펴볼 수 있다(6.2.2절 참조). 여기에서 용어-토픽 가중치는 해당 용어와 토픽에 대응되는 SVD 차원점수를 의미한다(6.3절 참조).

[1] 속성 패널에서 토픽 뷰어 필드의 '···' 버튼을 클릭하면 된다.

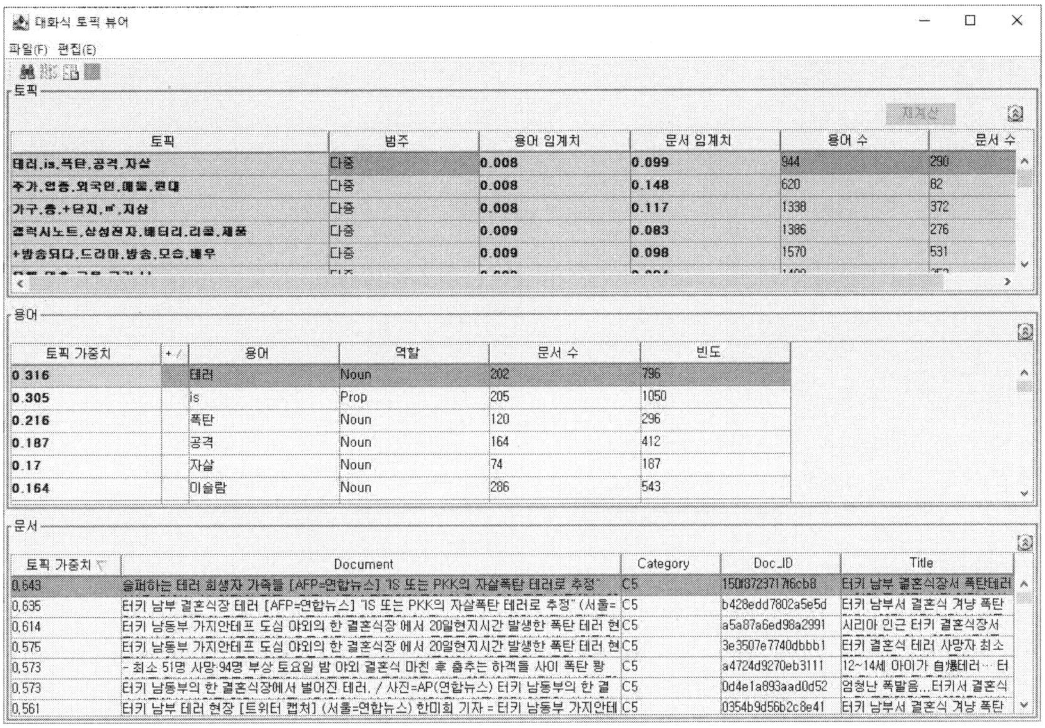

〈그림 6.6〉 대화식 토픽 뷰어(Interactive Topic Viewer)

○ 문서 테이블

각 문서별 전체 문서의 내용과 토픽 가중치 등을 살펴볼 수 있다. 여기에서 문서-토픽 가중치는 해당 문서와 토픽에 대응되는 SVD 차원점수를 의미한다(6.3절 참조).

한편, 위의 각 테이블에서 특정 칼럼의 이름을 클릭하면 해당 칼럼의 내용에 의해 테이블을 정렬할 수 있다.

6.2.5 내보낸 데이터 탐색

텍스트 토픽(Text Topic) 노드를 수행한 후, 속성 패널(그림 6.1)에서 다음과 같은 작업을 수행하면 이 노드에 의해서 생성된 데이터를 살펴볼 수 있다.

① 속성 패널에서 '내보낸 데이터' 필드의 '...' 버튼을 클릭한다.
② '내보낸 데이터 선택' 대화상자에서 역할이 Train인 테이블을 선택하고, 탐색(X) 버튼을 클릭한다(그림 6.7 참조).

그러면 〈그림 6.8〉에서와 같이 데이터 및 요약 통계량 테이블들을 살펴볼 수 있다.

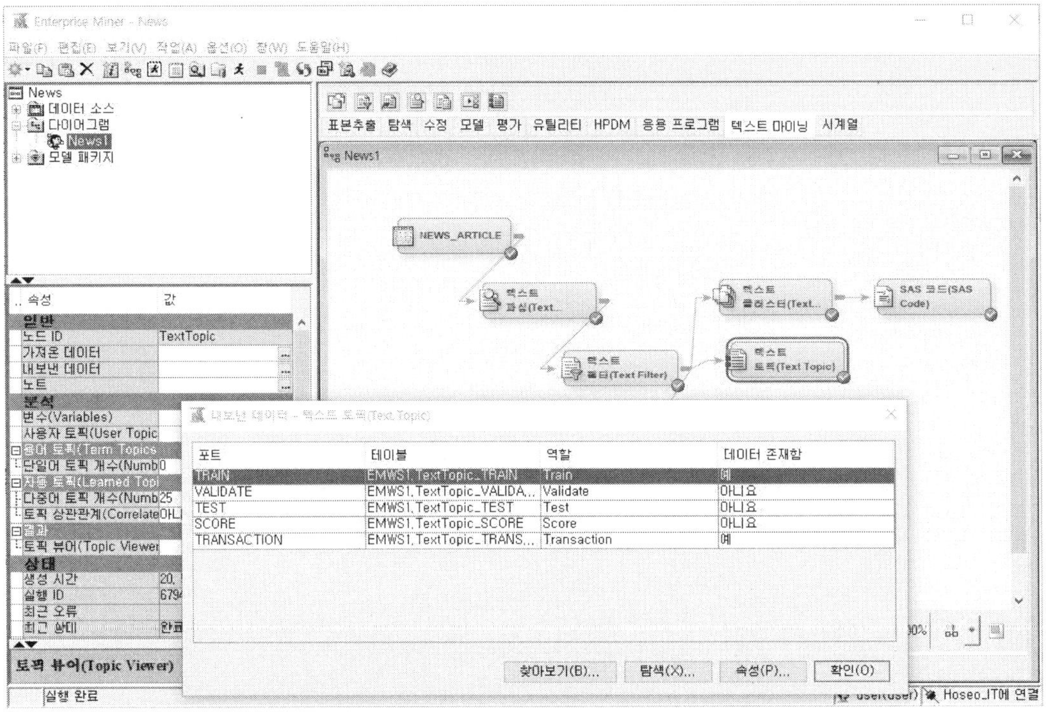

〈그림 6.7〉 내보낸 데이터 선택 대화상자

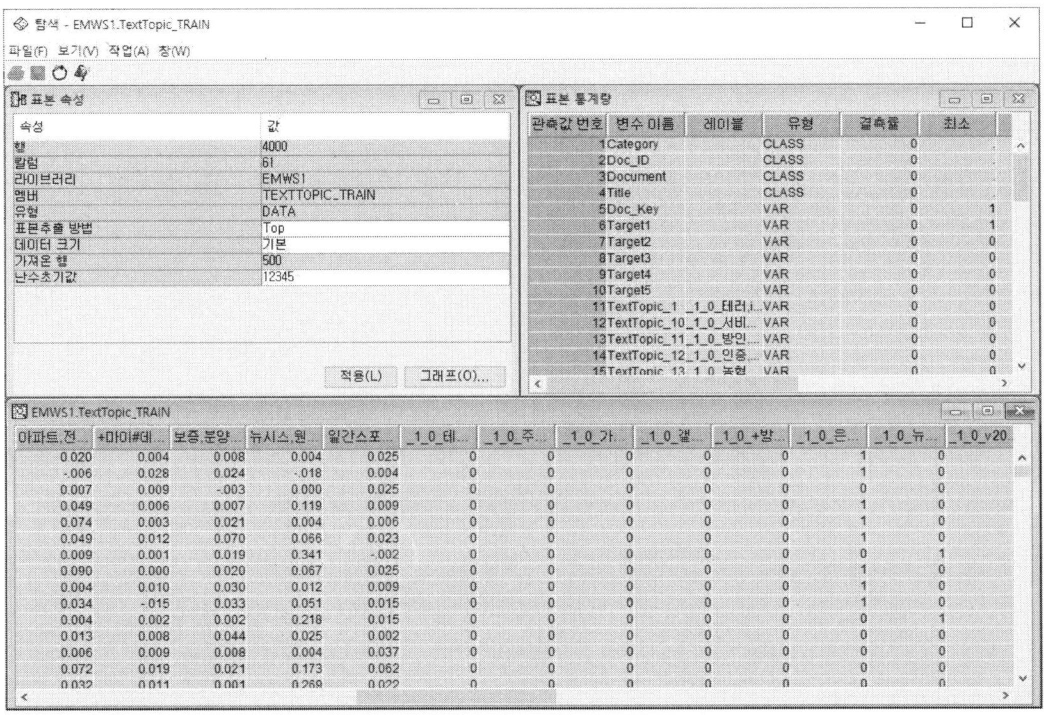

〈그림 6.8〉 텍스트 토픽(Text Topic) 노드에 의해서 생성된 데이터

〈그림 6.8〉의 데이터 테이블에는 각 문서별/차원별 SVD 점수가 저장되어 있으며, 각 문서가 어떤 토픽에 할당되었는지를 살펴볼 수 있다. 이 데이터 테이블은 다음과 같은 칼럼(변수)들로 구성되어 있다.

- TextTopic_Raw1, TextTopic_Raw2, ⋯: 각 문서별, 토픽별 SVD 차원 점수들이 제시된다. 이 값이 클수록 해당 문서가 특정 토픽에 할당될 가능성이 크다는 것을 의미한다.
- TextTopic_1, TextTopic_2, ⋯: 각 문서가 어떤 토픽에 할당되었는지를 1과 0으로 나타낸다. 클러스터링과는 다르게 한 문서가 여러 토픽에 할당될 수 있다.

〈예 6.1〉 내보낸 데이터셋을 저장하는 SAS 코드

```
LIBNAME tmout 'c:\My_Work\Text_Outdata';

DATA tmout.topic_out;
    SET &EM_IMPORT_DATA;
RUN;
```

또한 2.6절에서와 유사한 방법으로 SAS 코드(Code) 노드를 이용하여 데이터 테이블을 SAS 데이터셋으로 저장할 수도 있다. 〈예 6.1〉의 프로그램에서 매크로 변수 &EM_IMPORT_DATA는 연결된 노드에서 SAS 코드(Code) 노드로 넘어오는 분석 데이터셋의 이름을 지칭한다.

6.3 LSA(Latent Semantic Analysis)

LSA(latent semantic analysis, 잠재 시맨틱 분석)는 문서 및 용어와 관련된 일련의 개념을 생성하여, 문서 간 또는 용어 간의 관계를 분석하는 자연어 처리 기술이다. LSA는 의미가 비슷한 용어(단어)가 유사한 텍스트 조각에서 발생한다고 가정한다.

예를 들어, 〈그림 6.9〉에서와 같은 (가중)문서-용어 빈도 행렬이 있다고 가정하자. 5.3절에서 다룬 바와 같이 이 행렬의 행(row) 벡터는 문서를 나타내고 열(column) 벡터는 용어를 나타낸다. 이러한 행렬에서 두 문서 $\mathbf{a}_i$와 $\mathbf{a}_j$ 사이의 유사도(similarity)는 내적 $\mathbf{a}_i'\mathbf{a}_j$로 계산할 수 있다. 예를 들어, 문서 1과 문서 2의 유사도는 다음과 같이 계산할 수 있다.

$$S(\mathbf{a}_1, \mathbf{a}_2) = \mathbf{a}_1'\mathbf{a}_2 = 1 \times 0 + 0 \times 1 + 1 \times 1 + 1 \times 0 + 0 \times 0 = 1$$

유사하게, 문서 1과 문서 5의 유사도는 다음과 같이 계산할 수 있다.

$$S(\mathbf{a}_1, \mathbf{a}_5) = \mathbf{a}_1'\mathbf{a}_5 = 1 \times 0 + 0 \times 0 + 1 \times 0 + 1 \times 0 + 0 \times 1 = 0$$

(가중)문서-용어 행렬 / 정규화된 SVD 문서 점수 / 회전된 SVD 문서 점수

$$\mathbf{A} = \begin{pmatrix} 1 & 0 & 1 & 1 & 0 \\ 0 & 1 & 1 & 0 & 0 \\ 1 & 0 & 0 & 0 & 0 \\ 0 & 0 & 0 & 1 & 1 \\ 0 & 0 & 0 & 1 & 0 \\ 0 & 0 & 0 & 0 & 1 \end{pmatrix} \longrightarrow \mathbf{V}^* = \begin{pmatrix} 0.96 & -0.27 \\ 0.58 & -0.81 \\ 0.83 & -0.56 \\ 0.70 & 0.72 \\ 0.89 & 0.45 \\ 0.37 & 0.93 \end{pmatrix} \longrightarrow \hat{\mathbf{V}} = \begin{pmatrix} 0.92 & 0.38 \\ 0.95 & -0.32 \\ 1.00 & 0.02 \\ -0.14 & 0.99 \\ 0.22 & 0.98 \\ -0.45 & 0.89 \end{pmatrix}$$

정규화된 SVD 용어 점수 / 회전된 SVD 용어 점수

$$\hookrightarrow \mathbf{U}^* = \begin{pmatrix} 0.83 & -0.56 \\ 0.37 & -0.93 \\ 0.69 & -0.73 \\ 0.89 & 0.45 \\ 0.37 & 0.93 \end{pmatrix} \longrightarrow \hat{\mathbf{U}} = \begin{pmatrix} 0.96 & 0.29 \\ 0.95 & -0.32 \\ 1.00 & 0.09 \\ 0.44 & 0.90 \\ -0.25 & 0.97 \end{pmatrix}$$

⟨그림 6.9⟩ SVD를 이용한 차원축소 과정

즉, 문서 1과 문서 2는 동일한 용어가 한 번 발생하였고 문서 1과 문서 5는 동일한 용어가 한 번도 발생하지 않았으므로, 문서 1은 문서 5보다는 문서 2와 더 유사하다고 할 수 있다.

그런데 앞 장에서 설명한 바와 같이 (가중)문서-용어 빈도 행렬은 행 또는 열의 수가 매우 많고 대부분의 값이 0을 가지고 있기 때문에, 이를 직접 분석대상으로 하게 되면 계산이 매우 어렵거나 비효율적이다. 따라서 SVD 등을 이용하여 차원을 축소하고 이후의 계산을 수행하는 방법이 일반적으로 사용된다.

예를 들어, ⟨그림 6.9⟩의 $\mathbf{V}^*$는 행렬 A의 내용을 SVD를 이용하여 2차원으로 축소한 것이다. 일반적으로 $\mathbf{V}^*$는 행의 원소들의 제곱합이 1이 되도록 **정규화**(nomalization)를 취한다(5.3절 참조). 그 다음에는 SVD 차원점수들의 분산이 최대화되도록 **회전**(rotation)을 취하는 방법이 사용된다. 즉, SVD의 성질을 유지하면서 차원점수들이 가급적 1 또는 0에 가까워지도록 변환을 취하는 것이다. 예를 들어, ⟨그림 6.9⟩의 $\hat{\mathbf{V}}$를 살펴보면, 첫 번째 차원(1열)에는 문서 1, 2, 3의 값이 1에 가깝게 되어 있고, 두 번째 차원(2열)에는 문서 4, 5, 6의 값이 1에 가깝게 되어 있음을 알 수 있다. 즉, 각 차원(열)이 특정 토픽(주제)을 나타낸다고 가정하면, 문서 1, 2, 3은 첫 번째 토픽에 속할 가능성이 높고, 문서 4, 5, 6은 두 번째 토픽에 속할 가능성이 높다고 해석할 수 있다.

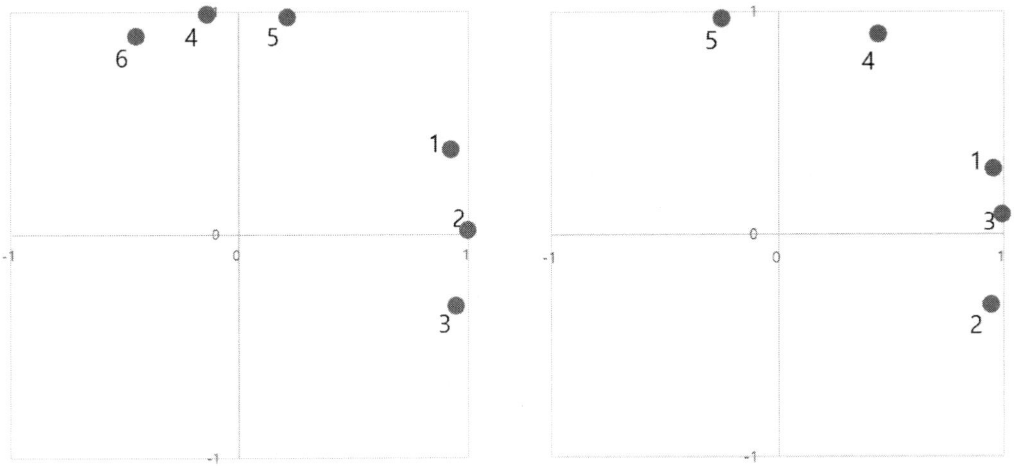

(a) 문서 (b) 용어

〈그림 6.10〉 문서와 용어에 대한 2차원 도표(회전된 SVD 점수)

문서에 대한 SVD 점수화와 유사하게 용어에 대한 점수화를 수행할 수 있다. 예를 들어, 〈그림 6.9〉의 $\hat{\mathbf{U}}$를 살펴보면, 용어 1, 2, 3은 첫 번째 토픽에 속할 가능성이 높고, 용어 4, 5는 두 번째 토픽에 속할 가능성이 높다고 해석할 수 있다.

텍스트 토픽(Text Topic) 노드에서는 이와 같이 정규화되고 회전된 차원점수 행렬 $\hat{\mathbf{V}}$과 $\hat{\mathbf{U}}$을 이용하여 각 토픽에 특정 문서와 용어들을 할당한다. 즉, 각 토픽별로 적절한 문서 임계치(최솟값)와 용어 임계치를 정하고, 임계치보다 큰 차원점수 값을 가지는 문서 및 용어를 해당 토픽에 할당한다.

한편, 〈그림 6.10〉은 〈그림 6.9〉의 행렬 $\hat{\mathbf{V}}$와 $\hat{\mathbf{U}}$의 좌표를 이용하여 2차원 도표를 작성한 것이다. 이를 통해 문서들 또는 용어들 사이의 유사도(멀고 가까운 정도)를 살펴볼 수 있으며, 각 차원(토픽)과 관련이 있는 문서 또는 용어를 파악할 수 있다.

정규화/회전된 SVD 차원에서 문서 i와 j의 유사도는 두 문서 벡터의 내적 $\hat{\mathbf{v}}_i'\hat{\mathbf{v}}_j$에 의해 근사적으로 계산할 수 있다. 예를 들어, 문서 1과 문서 2의 유사도는 다음과 같이 계산할 수 있다.

$$S(\hat{\mathbf{v}}_1, \hat{\mathbf{v}}_2) = \hat{\mathbf{u}}_1'\hat{\mathbf{u}}_2 = 0.92 \times 0.95 + 0.38 \times (-0.32) = 0.75$$

유사하게, 정규화된 SVD 차원에서 용어 i와 j의 유사도는 두 용어 벡터의 내적 $\hat{\mathbf{u}}_i'\hat{\mathbf{u}}_j$에 의해 근사적으로 계산할 수 있다. 예를 들어, 용어 1과 용어 2의 유사도는 다음과 같이 계산할 수 있다.

$$S(\hat{\mathbf{u}}_1, \hat{\mathbf{u}}_2) = \hat{\mathbf{v}}_1'\hat{\mathbf{v}}_2 = 0.96 \times 0.95 + 0.29 \times (-0.32) = 0.82$$

이와 같이 정의되는 유사도는 1에 가까울수록 매우 유사한 문서(용어)를 나타내고, 0에 가까울수록 매우 다른 문서(용어)를 나타낸다

이러한 방법은 특정 문서(용어)와 유사한 문서(용어)를 찾는 데 효율적으로 사용될 수 있으며, 정보 검색에 적용되는 관점에서 이와 같은 방법론을 LSI(latent semantic indexing) 라고도 한다.

6.4 LDA(Latent Dirichlet Allocation)

LDA(latent Dirichlet allocation, 잠재 디리클레 할당)는 주어진 문서에 대하여 각 문서에 어떤 주제들이 존재하는지를 서술하는 확률적 토픽 모형 기법 중 하나이다. 이 절에서는 LDA 모형의 기본적인 개념을 간단히 설명한다.

6.4.1 LDA 모형의 구성 요소

〈그림 6.11〉은 LDA 모형의 개념도이며, 여기에서 나타나는 기호들을 간단히 정리하면 다음과 같다.

- M: 자연수로서 고려하는 문서의 개수이다.
- N: 자연수로서 각 문서에 들어 있는 용어 수의 합계이며, N_d는 d번째 문서에 포함되어 있는 용어의 개수이다. $N = \sum_{d=1}^{M} N_d$.
- K: 자연수로서 토픽의 개수이다. 이는 사전에 정의되는 하이퍼 파라미터이다. 하이퍼 파라미터(hyper parameter)는 모형화에서 사용자가 직접 지정해 주는 값을 의미한다.
- V: 자연수로서 용어집의 크기이다. 즉, 전체 문서에서 유일하게 구별되는 용어들의 전체 개수이다.

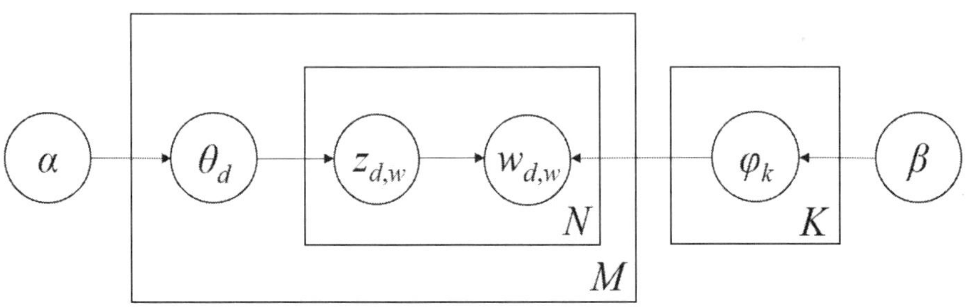

〈그림 6.11〉 LDA 모형의 개념도

- $z_{d,w}$: 문서 d의 w번째 용어가 속하는 토픽을 나타내며 1에서 K 사이의 자연수이다 $(d = 1, \cdots, M;\ w = 1, \cdots, N_d)$.
- $w_{d,w}$: 문서 d의 w번째 용어를 나타내며 1에서 V 사이의 자연수이다$(d = 1, \cdots, M;\ w = 1, \cdots, N_d)$.
- $\boldsymbol{\alpha} = (\alpha_1,\ \alpha_2,\ \cdots,\ \alpha_k,\ \cdots, \alpha_K)'$: K-차원 벡터이며, α_k는 하나의 문서에 토픽 k가 발생할 사전 가중치(prior weight)이다. 일반적으로 모든 토픽에 동일한 값을 사용한다 (즉, $\alpha_k = \alpha,\ k = 1, \cdots, K$). 이는 사전에 정의되는 하이퍼 파라미터이다.
- $\boldsymbol{\beta} = (\beta_1,\ \beta_2,\ \cdots,\ \beta_w,\ \cdots, \beta_V)'$: V-차원 벡터이며, β_w는 하나의 토픽에 용어 w가 발생할 사전 가중치(prior weight)이다. 일반적으로 모든 토픽에 동일한 값을 사용한다 (즉, $\beta_w = \beta,\ k = 1, \cdots, V$). 이는 사전에 정의되는 하이퍼 파라미터이다.
- $\boldsymbol{\theta}_d = (\theta_{d,1},\ \theta_{d,2},\ \cdots,\ \theta_{d,k},\ \cdots, \theta_{d,K})',\ d = 1, \cdots, M$: M개의 K-차원 벡터이며, 문서 d에서 토픽들의 분포이다($\sum_{k=1}^{K} \theta_{d,k} = 1$). 즉, $\theta_{d,k}$는 문서 d에서 토픽 k가 발생할 확률이다. 벡터 $\boldsymbol{\theta}_d$를 원소로 가지는 행렬 $\boldsymbol{\Theta}$는 SVD에서 행렬 $\mathbf{V}^*_{(K)}$와 유사한 형태를 가진다.

$$\boldsymbol{\Theta} = \begin{pmatrix} \boldsymbol{\theta}'_1 \\ \boldsymbol{\theta}'_2 \\ \vdots \\ \boldsymbol{\theta}'_k \\ \vdots \\ \boldsymbol{\theta}'_M \end{pmatrix} = \begin{pmatrix} \theta_{1,1} & \phi_{1,2} & \cdots & \theta_{1,k} & \cdots & \theta_{1,K} \\ \theta_{2,1} & \theta_{2,2} & \cdots & \theta_{2,k} & \cdots & \theta_{2,K} \\ \vdots & \vdots & \cdots & \vdots & \cdots & \vdots \\ \theta_{d,1} & \theta_{d,2} & \cdots & \theta_{d,k} & \cdots & \theta_{d,K} \\ \vdots & \vdots & \cdots & \vdots & \cdots & \vdots \\ \theta_{M,1} & \theta_{M,2} & \cdots & \theta_{M,k} & \cdots & \theta_{M,K} \end{pmatrix} \tag{6.1}$$

- $\boldsymbol{\phi}_k = (\phi_{1,k},\ \phi_{2,k},\ \cdots,\ \phi_{w,k},\ \cdots, \phi_{V,k})',\ k = 1, \cdots, K$: K개의 V-차원 벡터이며, 토픽 k에서 용어들의 분포이다($\sum_{w=1}^{V} \phi_{w,k} = 1$). 즉, $\phi_{w,k}$는 토픽 k에서 용어 w가 발생할 확률이다. 벡터 $\boldsymbol{\phi}_k$를 원소로 가지는 행렬 $\boldsymbol{\Phi}$는 SVD에서 행렬 $\mathbf{U}^*_{(K)}$와 유사한 형태를 가진다.

$$\boldsymbol{\Phi} = (\boldsymbol{\phi}_1\ \boldsymbol{\phi}_2\ \cdots\ \boldsymbol{\phi}_k\ \cdots\ \boldsymbol{\phi}_K) = \begin{pmatrix} \phi_{1,1} & \phi_{1,2} & \cdots & \phi_{1,k} & \cdots & \phi_{1,K} \\ \phi_{2,1} & \phi_{2,2} & \cdots & \phi_{2,k} & \cdots & \phi_{2,K} \\ \vdots & \vdots & \cdots & \vdots & \cdots & \vdots \\ \phi_{w,1} & \phi_{w,2} & \cdots & \phi_{w,k} & \cdots & \phi_{w,K} \\ \vdots & \vdots & \cdots & \vdots & \cdots & \vdots \\ \phi_{V,1} & \phi_{V,2} & \cdots & \phi_{V,k} & \cdots & \phi_{V,K} \end{pmatrix} \tag{6.2}$$

6.4.2 LDA 모형의 확률 가정

LDA 모형에서 관찰 가능한 변수는 d번째 문서에 나타나는 w번째 단어 $w_{d,w}$가 유일하다. 따라서 이 정보만을 가지고 하이퍼 파라메터 α와 β를 제외한 모든 모수(parameter)들을 추정해야 한다. LAD에서는 문서의 생성 과정이 다음과 같은 확률 모형을 따른다고 가정한다.

1. 디리클레 분포 Dirichlet($\boldsymbol{\beta}$)로부터 $\boldsymbol{\phi}_k = (\phi_{1,k},\ \phi_{2,k},\ \cdots,\ \phi_{w,k},\ \cdots, \phi_{V,k})'$를 선택한다. 즉, 주어진 $\boldsymbol{\beta}$에 기초하여 토픽 k 에서 용어 w가 발생할 확률을 선택한다.
2. 디리클레 분포 Dirichlet($\boldsymbol{\alpha}$)로부터 $\boldsymbol{\theta}_d = (\theta_{d,1},\ \theta_{d,2},\ \cdots,\ \theta_{d,k},\ \cdots, \theta_{d,K})'$를 선택한다. 즉, 주어진 $\boldsymbol{\alpha}$에 기초하여 문서 d에서 토픽 k가 발생할 확률을 선택한다.
3. 각 문서와 각 용어에 대하여 다항분포 Polynomial($\boldsymbol{\theta}_d$)로부터 $z_{d,w}$를 선택한다. 즉, 주어진 $\boldsymbol{\theta}_d$에 기초하여 토픽을 선택한다.
4. 각 문서와 각 용어에 대하여 다항분포 Polynomial($\boldsymbol{\phi}_{z_{d,w}}$)로부터 $w_{d,w}$를 선택한다. 즉, 주어진 $\boldsymbol{\phi}_{z_{d,w}}$에 기초하여 용어를 선택한다.

이와 같은 LDA 모형에서 모든 모수들의 결합확률은 다음과 같다.

$$P(\mathbf{W}, \mathbf{Z}, \boldsymbol{\Theta}, \boldsymbol{\Phi}; \boldsymbol{\alpha}, \boldsymbol{\beta}) = \prod_{k=1}^{K} P(\boldsymbol{\phi}_k; \boldsymbol{\beta}) \prod_{d=1}^{M} P(\boldsymbol{\theta}_d; \boldsymbol{\alpha}) \prod_{w=1}^{N} P(z_{d,w}; \boldsymbol{\theta}_d) P(w_{d,w}; \boldsymbol{\phi}_{z_{d,w}}) \quad (6.3)$$

위 식에서 하이퍼 파라미터 α, β와 관찰된 $w_{d,w}$을 제외한 모든 모수가 미지수가 된다. 따라서 사후확률(posterior probability) $P(\mathbf{Z}, \boldsymbol{\Theta}, \boldsymbol{\Phi} | \mathbf{W}, \boldsymbol{\alpha}, \boldsymbol{\beta})$를 최대로 만드는 $\mathbf{Z}$, $\boldsymbol{\Theta}$, $\boldsymbol{\Phi}$를 추정해야 한다.

그러나 실제로 이와 같은 계산은 상당히 어려우며, 따라서 사후확률을 구하기 위해 다양한 근사 알고리즘이 사용된다. 처음 제시된 LDA에서는 볼록-기반 변분 알고리즘(convexity-based variational algorithm)을 사용하였으며, 다른 접근 방법으로는 붕괴 깁스샘플링(collapsed gibbs sampling)과 기대 전파법(expectation propagation) 등이 있다. 이들 방법에 대하여는 관련 문헌들을 참고하기 바란다.

6.5 HPTMINE 프로시저

3.4절에서와 유사하게 토픽 분석은 HPTMINE 프로시저를 이용하여 프로그램 방식으로도 가능하다. 또한 HPTMINE 프로시저를 이용하면 토픽 분석의 결과를 SAS 데이터셋으로 저장할 수 있다는 장점이 있다.

6.5.1 HPTMINE 프로시저의 사용 사례

3.4절에서와 유사하게 프로그램 편집기에 토픽 분석을 위한 SAS 프로그램을 작성하고 실행하여 보자.

〈예 6.2〉 토픽 분석을 위한 HPTMINE 프로시저의 사용 사례

```
PROC HPTMINE DATA=tmsample.news_article LANGUAGE=Korean;
    VAR document;
    DOC_ID doc_id;
    PARSE TERMWGT=ENTROPY CELLWGT=LOG REDUCEF=4 ENTITIES=STD;
    SELECT "Aux" "Conj" "Det" "Interj" "Part" "Prep" "Pron"
           / GROUP="POS" IGNORE;
    SELECT "Punct" "Num" / GROUP="ATTRIBUTES" IGNORE;
    SVD K=25 ROTATION=VARIMAX TOPICLABELSIZE=10
        OUTDOCPRO=tmsample.outdocpro_topics
        OUTTOPICS=tmsample.outtopics;
    PERFORMANCE DETAILS;
RUN;
```

〈예 5.2〉에서 볼 수 있는 바와 같이 SVD 명령문은 특잇값 분해를 통한 토픽 분석을 수행하며, 다음과 같은 명령문과 옵션을 추가로 사용할 수 있다. PARSE 명령문과 SVD 명령문에 대하여는 3.4절과 5.5절을 참조하기 바란다.

- ROTATION=VARIMAX|PROMAX: SVD 차원점수를 회전하는 방법을 지정한다(디폴트: VARIMAX). VARIMAX를 지정하면 직교회전(orthogonal rotation) 방법 중 하나인 배리맥스 방법을 사용하며, PROMAX를 지정하면 사각회전(oblique rotation) 방법 중 하나인 프로맥스 방법을 사용한다.
- OUTDOCPRO=: 정규화되고 회전된 문서 차원점수 행렬($\hat{\mathbf{V}}$)이 저장될 SAS 데이터셋을 지정한다(6.3절 참조).
- OUTTOPICS=: 각 토픽을 서술하는 용어들이 저장될 SAS 데이터셋을 지정한다.
- TOPICLABELSIZE=n: OUTTOPICS 데이터셋에 저장될 최대 용어 수를 지정한다(디폴트: $n = 5$).

6.5.2 OUTTOPICS 데이터셋

이 데이터셋에는 각 토픽을 서술하는 용어들이 저장되어 있다(표 6.1 참조). 이 데이터셋에 포함되어 있는 각 변수의 내용은 다음과 같다.

〈표 6.1〉 OUTTOPICS 데이터셋(일부)

OBS	_topicid	_termCutoff	_name
1	1	0.008	갤럭시노트, 삼성전자, 배터리, 갤럭시, 판매
2	2	0.008	주가, 업종, 매물, 외국인, 2016년3월
3	3	0.009	가구, 동탄, +단지, 블록, +분양하다
4	4	0.008	쿠데타, 터키, 에르도안, 대통령, +에르도안♯대통령
5	5	0.008	전세, 아파트, 전셋값, +상승하다, 0.05%
6	6	0.009	’, ‘, 드라마, 배우, 방송
7	7	0.008	v20, lg전자, lg, 전자, 오디오
8	8	0.008	양재, 서울시, cd, 우면, r
9	9	0.008	순손실, 농협, 전년, 충당금, +전년♯말♯대비
10	10	0.008	is, 시리아, 테러, 공격, 폭탄
...	...	...	...
24	24	0.009	분양가, 분양, 3.3㎡, 재건축, 당
25	25	0.009	공소, 리스, 중국, 금융, +공소♯그룹

- _topicid: 토픽의 번호를 나타낸다.
- _termCutoff: 용어 임계치를 나타낸다.
- _name: 각 토픽을 서술하는 용어들을 나타낸다.

〈표 6.2〉 OUTDOCPRO 데이터셋(일부)

OBS	Doc_ID	COL1	COL2	...	COL25
1	9fb92c5f16e03eb1	0.17527	0.07033	...	0.07195
2	bb5f73431ba4efe3	0.03713	0.00916	...	-0.03470
3	429abb7e9d700729	0.09193	0.01794	...	0.30872
4	d52e91ce3a738069	0.02538	0.28211	...	0.05147
5	d68a76bb010ec3fe	0.09438	0.01808	...	0.00911
6	45e811d6073e1fee	0.10944	0.14211	...	0.25117
7	3449b75732ca96d2	0.05184	0.16064	...	0.01263
8	59df87bf0fa4f751	0.18954	0.25797	...	0.12850
9	a361350ff583cc8e	0.22600	0.01224	...	0.11785
10	a1ff15f951a7a0e8	0.04813	0.01960	...	0.12944
...	...	...	...	...	...
3999	753be68b76382a5d	0.29570	0.05056	...	0.42615
4000	ca697e51e8893288	0.12913	0.10179	...	0.04664

6.5.3 OUTDOCPRO 데이터셋

이 데이터셋에는 정규화되고 회전된 문서 차원점수 행렬 $\hat{\mathbf{V}}$이 저장되어 있다(표 6.2 참조). 이 데이터셋은 6.2.5절에서 설명한 '내보낸 데이터'에 대응되며(칼럼의 순서는 바뀔 수 있다), 각 변수는 SVD 차원점수를 나타낸다.

제 7 장
텍스트 프로파일링

Text Profiling

이 장에서는 텍스트 프로파일(Text Profile) 노드를 활용하여 범주형 목표변수의 범주(수준)별 특징을 나타내는 주요 용어들을 추출하는 내용을 설명한다.

7.1 텍스트 프로파일(Text Profile) 노드

텍스트 프로파일(Text Profile) 노드는 일반적으로 텍스트 필터(Text Filter) 노드의 다음에 위치하며, 범주형 목표변수(target variable)가 있을 경우 각 범주를 대표하는 주요 용어를 추출하는 작업을 수행할 수 있다.

이 장의 사례를 위해 새로운 다이어그램을 생성하고(2.2절 참조), 〈그림 7.1〉과 같이 데이터 소스, 메타데이터, 텍스트 파싱, 텍스트 필터, 텍스트 프로파일 노드를 이용하여 다이어그램을 작성하기 바란다.

텍스트 프로파일(Text Profile) 노드를 사용하기 위해서는 이전에 범주형 목표변수(target variable)가 지정되어 있어야 한다. 먼저 메타데이터(Metadata) 노드에서 다음과 같은 작업을 수행하여 목표변수를 지정하여 보자.

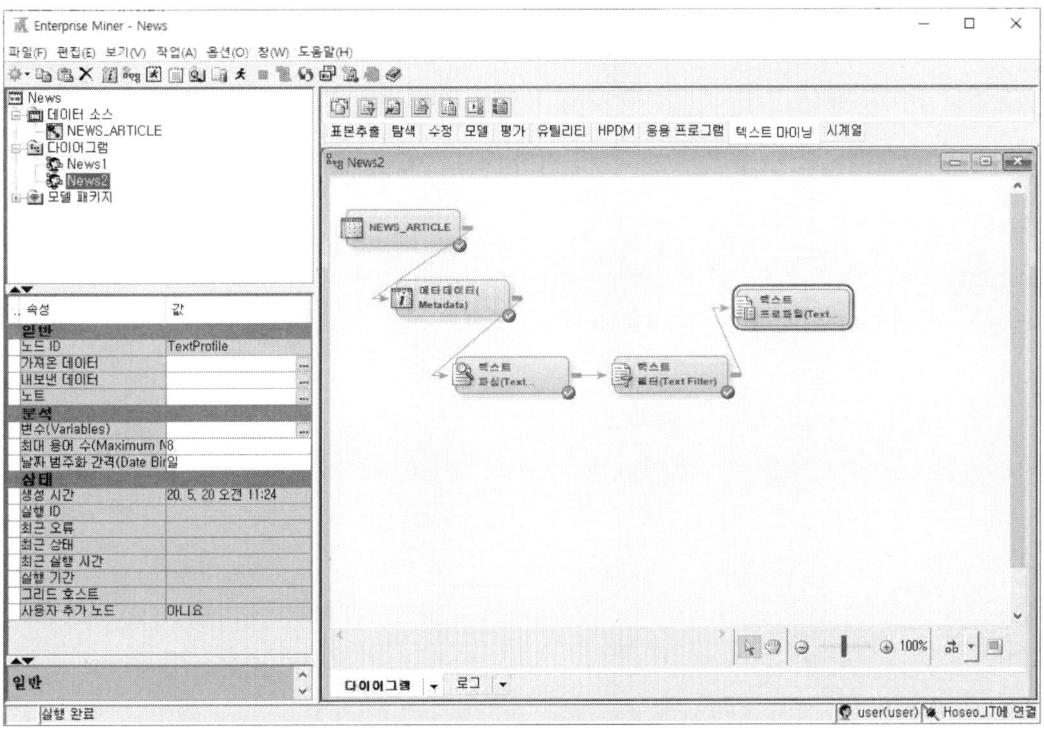

〈그림 7.1〉 텍스트 프로파일(Text Profile) 노드의 속성 패널

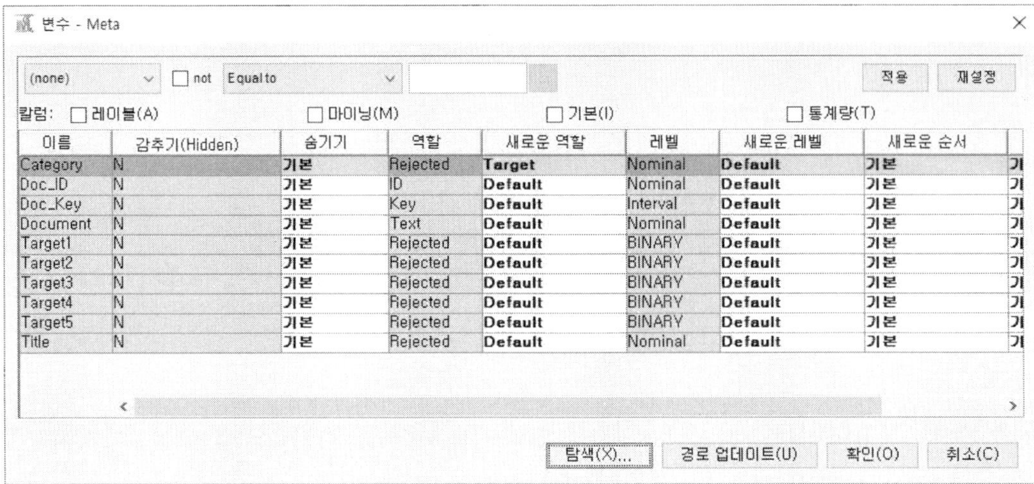

〈그림 7.2〉 메타데이터(Metadata) 노드의 변수 대화상자

참고로 New_Article 데이터셋의 경우 목표변수 Category는 C1(금융), C2(IT), C3(부동산), C4(방송연예), C5(국제) 등 5개의 범주를 가지고 있다(2장의 표 2.1 참조).

① 메타데이터(Metadata) 노드의 속성 패널에서 분석(Train) 필드의 '···' 버튼을 클릭하면, 〈그림 7.2〉와 같은 변수 설정 대화상자가 나타난다.

② 이 대화상자에서 변수 Category의 '새로운 역할' 필드를 Target으로 설정하여라. 메타데이터(Metadata) 노드는 이와 같이 기존에 설정되어 변수들의 역할 등을 변경할 때 이용되는 노드이다.

그 다음으로 텍스트 파싱(Text Parsing) 노드의 속성패널에서 언어(Language) 속성을 '한국어'로 지정하고, 엔터티 찾기(Find Entities) 속성을 '표준(Standard)'으로 지정하여라(3.1절 및 3.2절 참조).

4.1절 및 4.3절에서 설명한 바와 같이 텍스트 필터(Text Filter) 노드에서는 목표변수(target variable)가 사전에 지정되어 있는지의 여부에 따라서 용어 가중화 방법이 다르게 사용된다. 이 사례에서는 목표변수가 텍스트 필터(Text Filter) 노드 이전에 지정되었으므로 용어 가중화 방법으로 '상호정보(mutual information) 변환' 방법이 기본적으로 사용된다. 물론 텍스트 필터(Text Filter) 노드의 속성패널에서 가중화 방법을 변경할 수 있다.

다이어그램에서 텍스트 프로파일(Text Profile) 노드를 실행하면 〈그림 7.3〉과 같은 결과가 출력된다. 한편, 〈그림 7.1〉은 텍스트 프로파일(Text Profile) 노드의 속성 패널을 보여주고 있는데, 여기에서 지정할 수 있는 주요 속성들은 다음과 같다.

○ **최대 용어 수(Maximum Number of Terms)**

목표변수의 범주별로 추출될 최대 용어 수를 지정한다(디폴트: 8).

○ **날짜 범주화 간격(Date Binning Interval)**

날짜형 목표변수를 범주화할 경우 날짜/시간 간격을 지정한다.

7.2 노드 결과

텍스트 프로파일(Text Profile) 노드를 수행하면 ⟨그림 7.3⟩과 같은 결과 윈도들이 출력된다. 여기에서는 이 윈도들의 내용을 간단히 설명하도록 한다.

7.2.1 프로파일된 변수 테이블

목표변수의 각 범주별로 추출된 주요 용어들을 테이블의 형태로 출력한다. 속성 패널에서 사용자가 지정한 수만큼의 용어들이 제시되며, 용어의 이름과 함께 품사 또는 엔터티가 제시된다. 이 테이블에서 주요 칼럼의 내용은 다음과 같다.

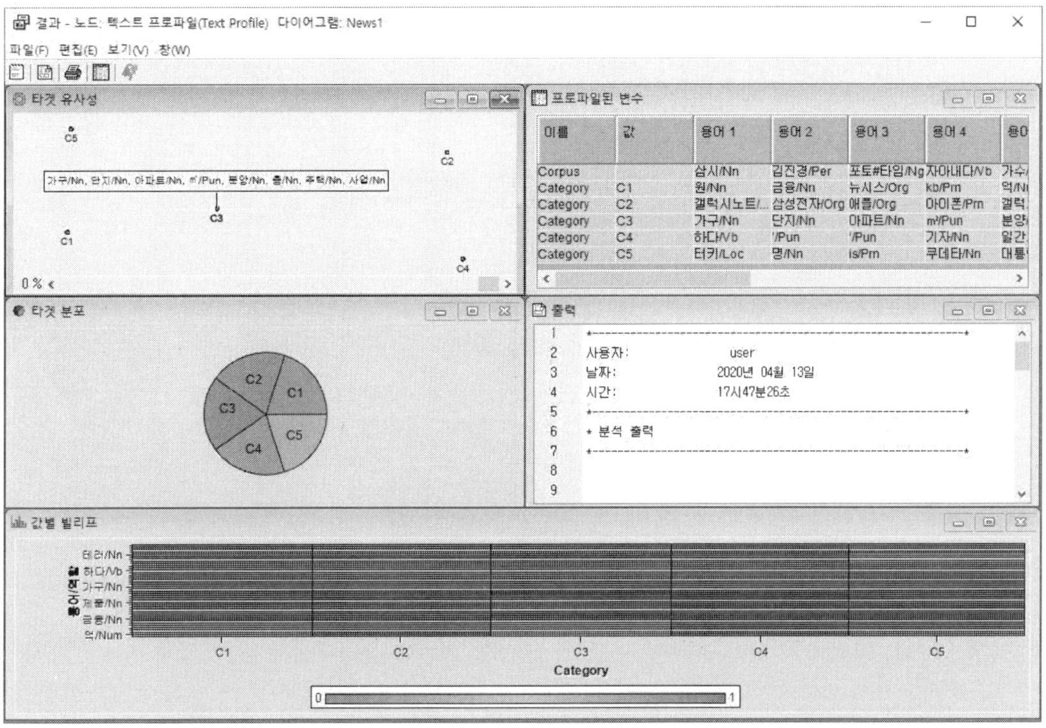

⟨그림 7.3⟩ 텍스트 프로파일(Text Profile) 노드의 결과 윈도

이름	값	용어 1	용어 2	용어 3	용어 4	용어 5	용어 6	용어 7	용어 8	빈도
Corpus		삼시/Nn	김진경/Per	포토#타임/Ng	자아내다/Vb	가수/Nn	김열/Prn	엑스포츠뉴...	한남동/Prn	4000
Category	C1	원/Nn	금융/Nn	뉴시스/Org	kb/Prn	억/Num	보험/Nn	은행/Nn	대출/Nn	800
Category	C2	갤럭시노트/...	삼성전자/Org	애플/Org	아이폰/Prn	갤럭시/Prn	lg/Prn	제품/Nn	전자/Nn	800
Category	C3	가구/Nn	단지/Nn	아파트/Nn	㎡/Pun	분양/Nn	층/Nn	주택/Nn	사업/Nn	800
Category	C4	하다/Vb	'/Pun	'/Pun	기자/Nn	일간스포츠/...	오후/Nn	배우/Nn	"/Pun	800
Category	C5	터키/Loc	명/Nn	is/Prn	쿠데타/Nn	대통령/Nn	시리아/Loc	테러/Nn	요르단/Loc	800

〈그림 7.4〉 프로파일된 변수 테이블

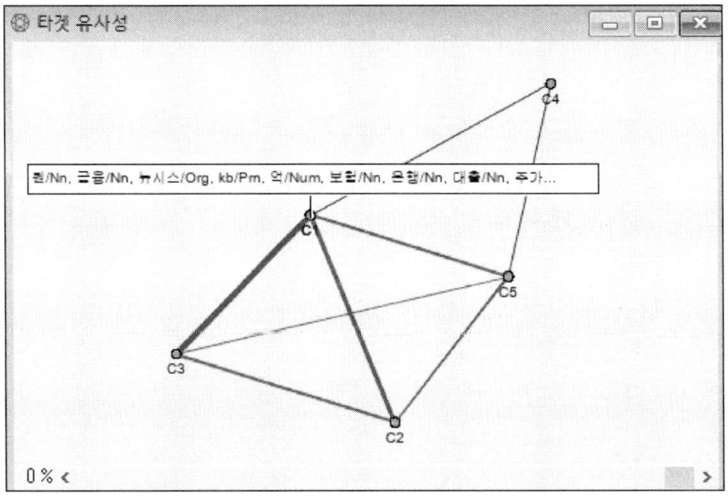

〈그림 7.5〉 타겟 유사성(Target Similarities) 도표

- 이름(Name): 코퍼스(corpus, 전집) 또는 목표변수의 이름이 제시된다.
- 값(Value): 목표변수의 범주들이 제시된다.
- 용어 1, 용어 2, ⋯: 각 범주를 대표하는 용어들이 품사 또는 엔터티와 함께 제시된다.[1]
- 빈도(Frequency): 각 범주별 문서 수가 제시된다.

7.2.2 도표

〈그림 7.3〉에서 볼 수 있는 바와 같이 텍스트 프로파일(Text Profile) 노드는 다음과 같은 도표들을 출력한다.

- 타겟 유사성(Target Similarities): 범주 사이의 유사도를 그래프로 표현한다. 범주별로 추출된 용어가 중복될 경우 범주들이 선으로 연결되며, 연결선의 색과 굵기는 범주 간 유사도를 나타낸다(그림 7.5 참조).

[1]품사 및 엔터티의 유형에 대하여는 3.1절을 참고하여라.

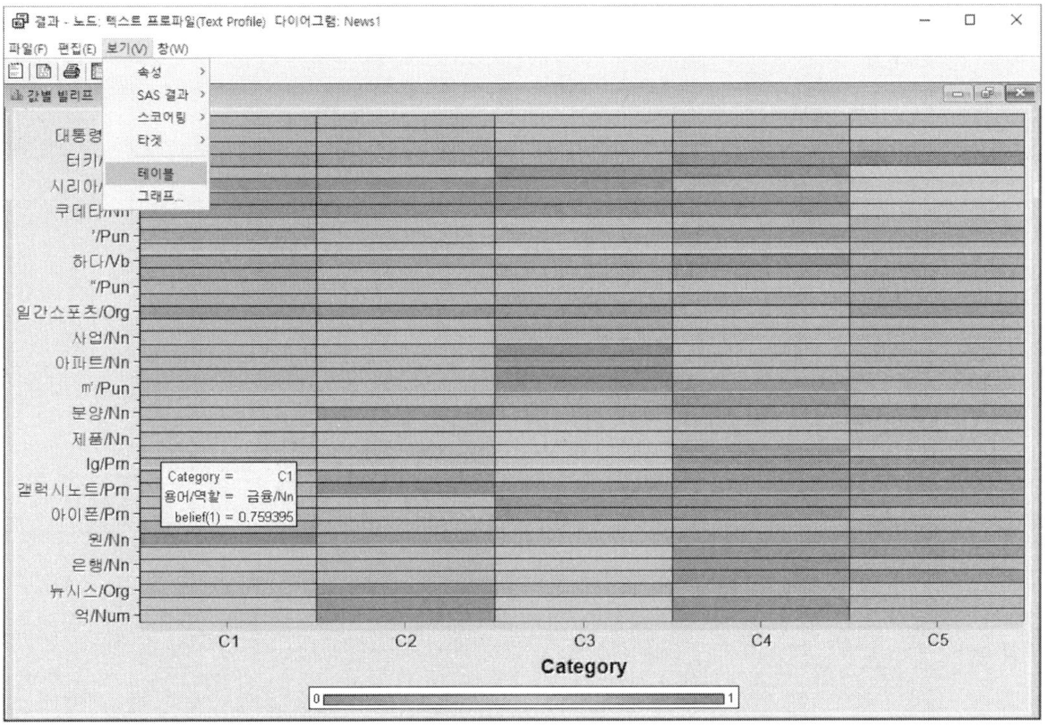

〈그림 7.6〉 값별 빌리프(Beliefs by Value) 도표

- 타겟 분포(Target Distribution): 각 범주별 문서 수를 파이 도표의 형태로 출력한다.
- 값별 빌리프(Beliefs by Value): 각 범주에 대한 용어별 빌리프(belief) 값을 그래프로 표현한다. 빌리프는 0과 1 사이의 값을 가지며, 값이 클수록 그 범주를 잘 설명하는 용어라는 것을 의미한다. 이 도표에서는 빌리프 값이 클수록 붉은색으로 표현된다. 또한 마우스를 움직여서 범주/용어별 빌리프 값을 살펴볼 수 있다(그림 7.4 참조).

텍스트 프로파일(Text Profile) 노드에서는 목표변수의 각 범주를 설명하는 용어를 도출하기 위하여 계층적 베이지안 모형(hierarchical Bayesian model)을 사용하며, 특정 용어가 각 범주를 설명하는 크기를 빌리프(belief)라는 값으로 나타낸다.[2]

7.2.3 값별 빌리프 테이블

값별 빌리프(Beliefs by Value) 도표가 활성화된 상태에서 풀다운 메뉴의 '보기(V) > 테이블' 메뉴를 클릭하면 값별 빌리프 테이블을 살펴볼 수 있다.

[2]계층적 베이지안 모형에 대하여는 "SAS Institute Inc.(2012), *The TMBELIEF Procedure in SAS Enterprise Miner and SAS Text Miner Procedures Reference for SAS 9.3*"을 참조하기 바란다.

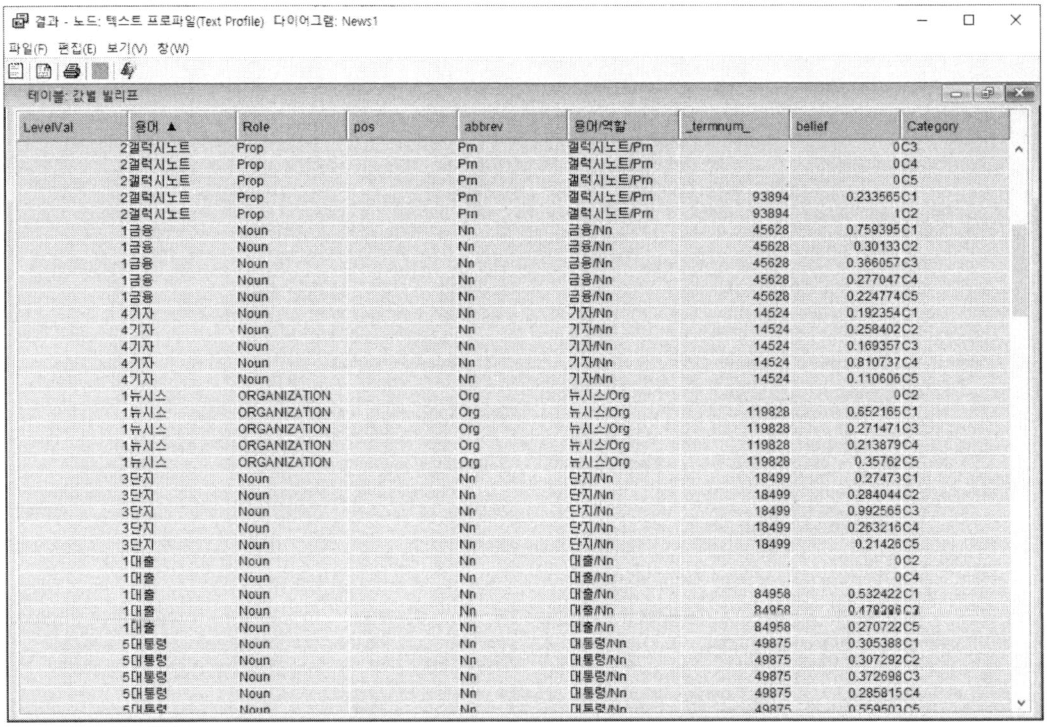

결과 - 노드: 텍스트 프로파일(Text Profile) 다이어그램: News1

파일(F) 편집(E) 보기(V) 창(W)

테이블: 값별 빌리프

LevelVal	용어 ▲	Role	pos	abbrev	용어/역할	_termnum_	belief	Category
2	갤럭시노트	Prop		Pm	갤럭시노트/Pm	.	0	C3
2	갤럭시노트	Prop		Pm	갤럭시노트/Pm	.	0	C4
2	갤럭시노트	Prop		Pm	갤럭시노트/Pm	.	0	C5
2	갤럭시노트	Prop		Pm	갤럭시노트/Pm	93894	0.233565	C1
2	갤럭시노트	Prop		Pm	갤럭시노트/Pm	93894	1	C2
1	금융	Noun		Nn	금융/Nn	45628	0.759395	C1
1	금융	Noun		Nn	금융/Nn	45628	0.30133	C2
1	금융	Noun		Nn	금융/Nn	45628	0.366057	C3
1	금융	Noun		Nn	금융/Nn	45628	0.277047	C4
1	금융	Noun		Nn	금융/Nn	45628	0.224774	C5
4	기자	Noun		Nn	기자/Nn	14524	0.192354	C1
4	기자	Noun		Nn	기자/Nn	14524	0.258402	C2
4	기자	Noun		Nn	기자/Nn	14524	0.169357	C3
4	기자	Noun		Nn	기자/Nn	14524	0.810737	C4
4	기자	Noun		Nn	기자/Nn	14524	0.110606	C5
1	뉴시스	ORGANIZATION		Org	뉴시스/Org	.	0	C2
1	뉴시스	ORGANIZATION		Org	뉴시스/Org	119828	0.652165	C1
1	뉴시스	ORGANIZATION		Org	뉴시스/Org	119828	0.271471	C3
1	뉴시스	ORGANIZATION		Org	뉴시스/Org	119828	0.213879	C4
1	뉴시스	ORGANIZATION		Org	뉴시스/Org	119828	0.35762	C5
3	단지	Noun		Nn	단지/Nn	18499	0.27473	C1
3	단지	Noun		Nn	단지/Nn	18499	0.284044	C2
3	단지	Noun		Nn	단지/Nn	18499	0.992565	C3
3	단지	Noun		Nn	단지/Nn	18499	0.263216	C4
3	단지	Noun		Nn	단지/Nn	18499	0.21426	C5
1	대출	Noun		Nn	대출/Nn	.	0	C2
1	대출	Noun		Nn	대출/Nn	.	0	C4
1	대출	Noun		Nn	대출/Nn	84958	0.532422	C1
1	대출	Noun		Nn	대출/Nn	84958	0.479286	C3
1	대출	Noun		Nn	대출/Nn	84958	0.270722	C5
5	대통령	Noun		Nn	대통령/Nn	49875	0.305388	C1
5	대통령	Noun		Nn	대통령/Nn	49875	0.307292	C2
5	대통령	Noun		Nn	대통령/Nn	49875	0.372698	C3
5	대통령	Noun		Nn	대통령/Nn	49875	0.285815	C4
5	대통령	Noun		Nn	대통령/Nn	49875	0.559503	C5

〈그림 7.7〉 값별 빌리프(Beliefs by Value) 테이블

예를 들어, 〈그림 7.7〉에서 '갤럭시노트'라는 용어의 경우 범주 C3(부동산), C4(방송연예), C5(국제)에 대하여는 빌리프 값이 0이며, 범주 C1(금융)에 대하여는 0.234이고 범주 C2(IT)에 대하여는 1이라는 것을 볼 수 있다.

7.2.4 내보낸 데이터 탐색

텍스트 프로파일(Text Profile) 노드를 수행한 후, 속성 패널(그림 7.1)에서 다음과 같은 작업을 수행하면 이 노드에 의해서 생성된 데이터를 살펴볼 수 있다.

① 속성 패널에서 '내보낸 데이터' 필드의 '. . . ' 버튼을 클릭한다.

② '내보낸 데이터 선택' 대화상자에서 역할이 Train인 테이블을 선택하고, 탐색(X) 버튼을 클릭한다(그림 7.8 참조).

그러면 〈그림 7.9〉에서와 같이 데이터 및 요약 통계량 테이블들을 살펴볼 수 있다. 여기에는 목표변수의 각 범주에 대한 점수 및 예측 범주가 제시되어 있다.

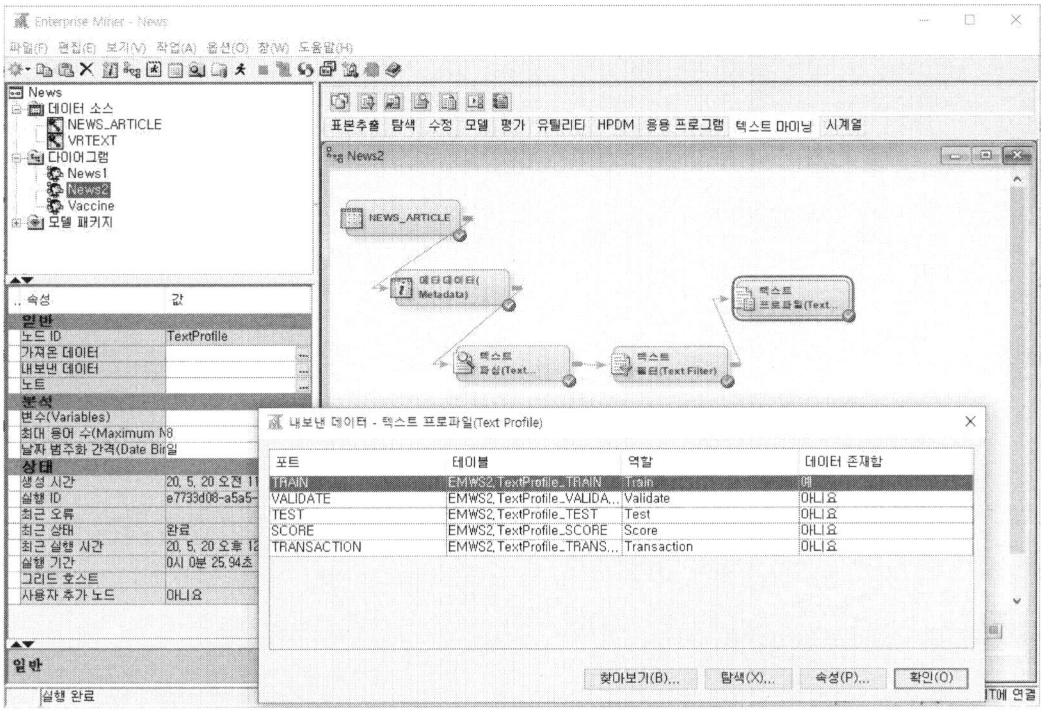

〈그림 7.8〉 내보낸 데이터 선택 대화상자

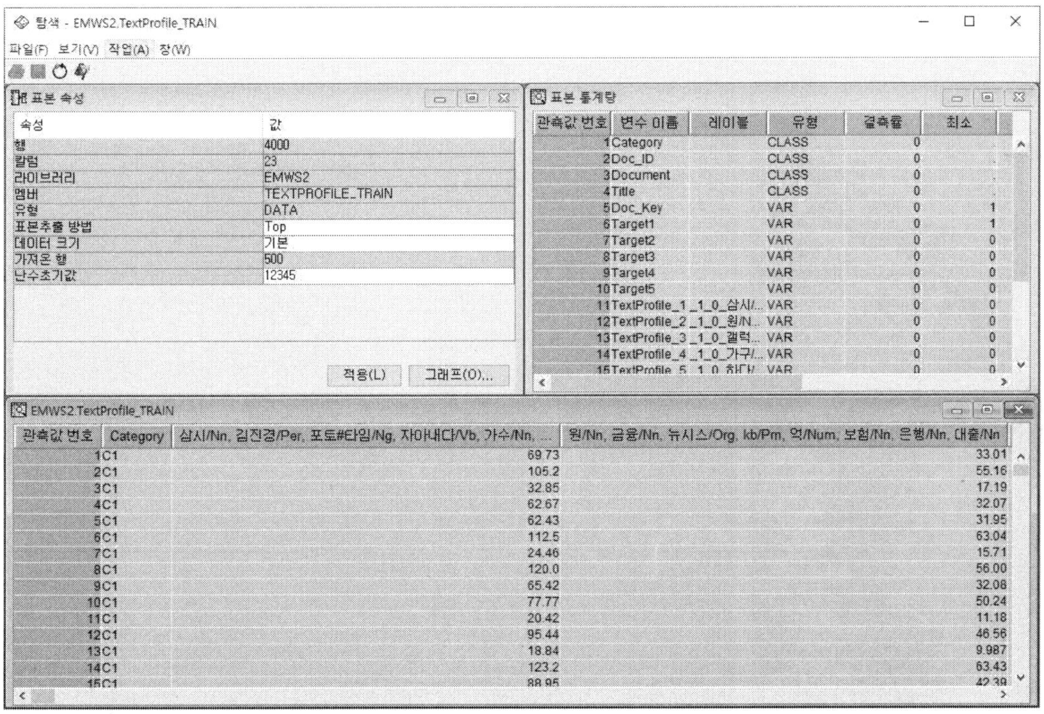

〈그림 7.9〉 텍스트 프로파일(Text Profile) 노드에 의해서 생성된 데이터

⟨그림 7.9⟩의 데이터 테이블에는 각 문서별/범주별 점수가 저장되어 있으며, 각 문서가 어떤 범주에 할당되었는지를 살펴볼 수 있다. 이 데이터 테이블은 다음과 같은 칼럼(변수)들로 구성되어 있다.

- TextProfile_Raw1, TextProfile_Raw2, ⋯: 각 문서에 대하여 코퍼스(corpus, 전집) 및 목표변수의 범주별 점수들이 제시된다. 이 값이 클수록 해당 문서가 특정 범주에 할당될 가능성이 크다는 것을 의미한다.
- TextProfile_1, TextProfile_2, ⋯: 각 문서가 코퍼스 및 특정 범주에 할당되었는지를 1과 0으로 나타낸다. 토픽 분석과 유사하게 한 문서가 여러 범주에 할당될 수 있다.

⟨예 7.1⟩ 출력 데이터셋을 저장하는 SAS 코드

```
LIBNAME tmout 'c:\My_Work\Text_Outdata';

DATA tmout.profile_out;
    SET &EM_IMPORT_DATA;
RUN;
```

또한 2.6절에서와 유사한 방법으로 SAS 코드(Code) 노드를 이용하여 데이터 테이블을 SAS 데이터셋으로 저장할 수도 있다. ⟨예 7.1⟩의 프로그램에서 매크로 변수 &EM_IMPORT_DATA는 연결된 노드에서 SAS 코드(Code) 노드로 넘어오는 분석 데이터셋의 이름을 지칭한다.

7.3 날짜형 목표변수에 대한 프로파일링

텍스트 프로파일(Text Profile) 노드에서는 날짜형(또는 순서형) 목표변수에 대한 프로파일링도 수행할 수 있다. 이 절에서는 간단한 예시를 통해 그 내용을 설명한다.

먼저 2.1.3절의 내용을 참조하여 Vatext 데이터셋에 대한 데이터 소스를 정의하여라. 이때 변수 Vax_Text의 역할을 Target으로 지정하고, 변수 Symptom_Text의 역할을 Text로 지정하여라. Vatext 데이터셋의 변수 Vax_Text는 백신을 투여한 날짜를 나타내고, 변수 Symptom_Text는 증상을 서술한 텍스트가 저장되어 있다(그림 7.10 참조).

이 절의 사례를 위해 새로운 다이어그램을 생성하고(2.2절 참조), ⟨그림 7.11⟩과 같이 데이터 소스, 텍스트 파싱, 텍스트 필터, 텍스트 프로파일 노드를 이용하여 다이어그램을 작성하여라.

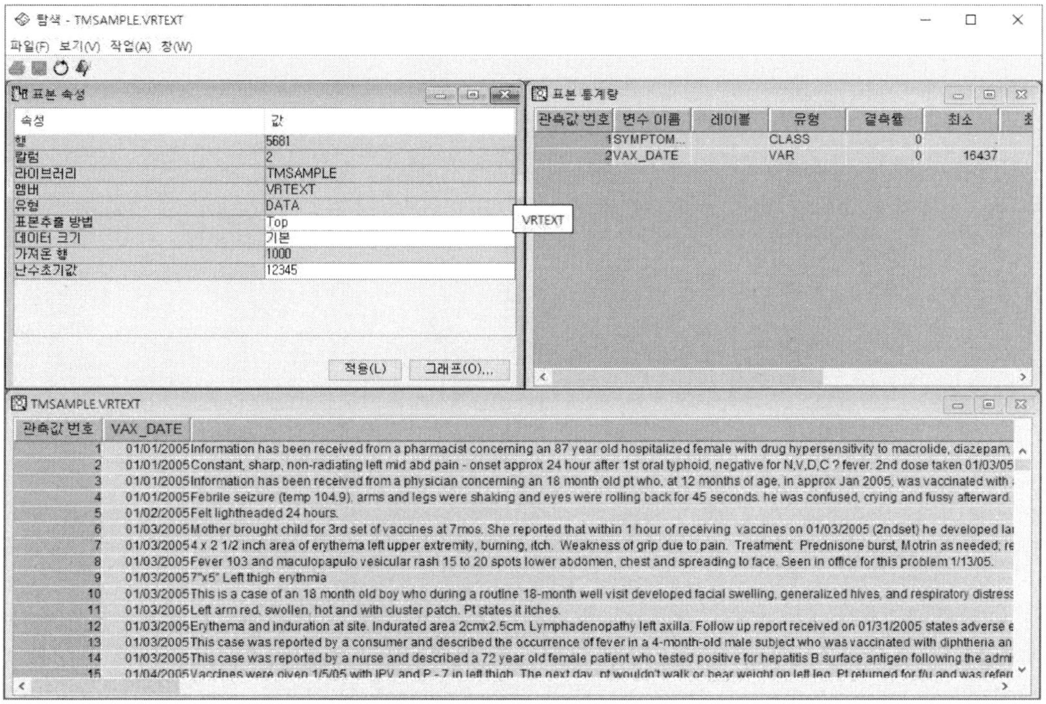

〈그림 7.10〉 Vatext 데이터셋의 내용

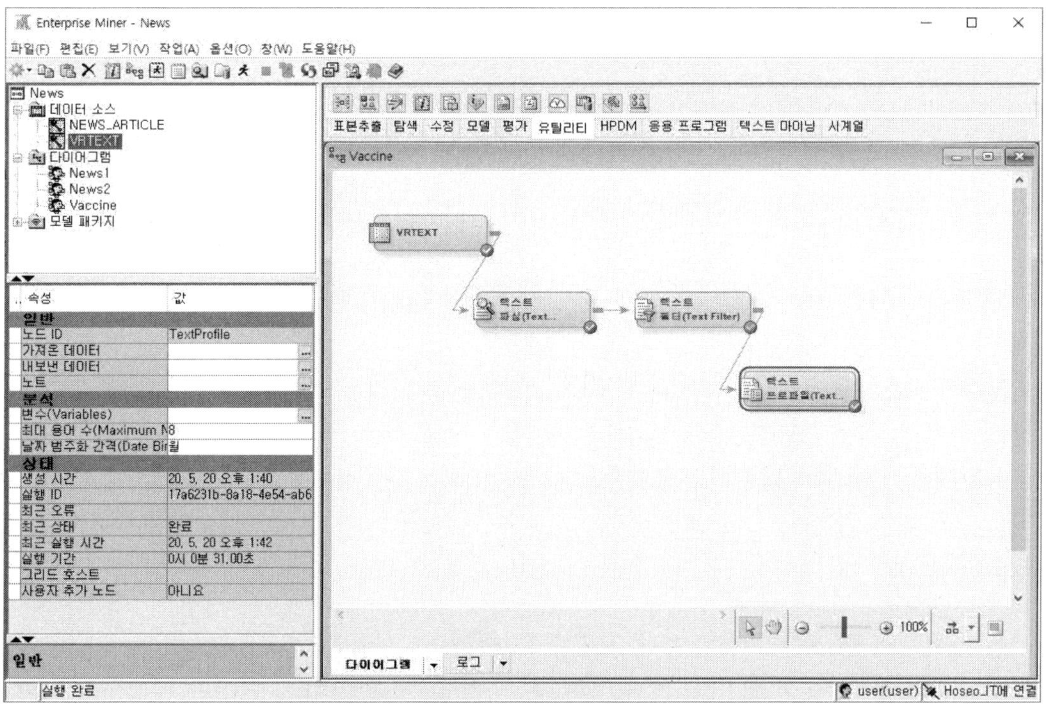

〈그림 7.11〉 새로운 다이어그램 – Vaccine

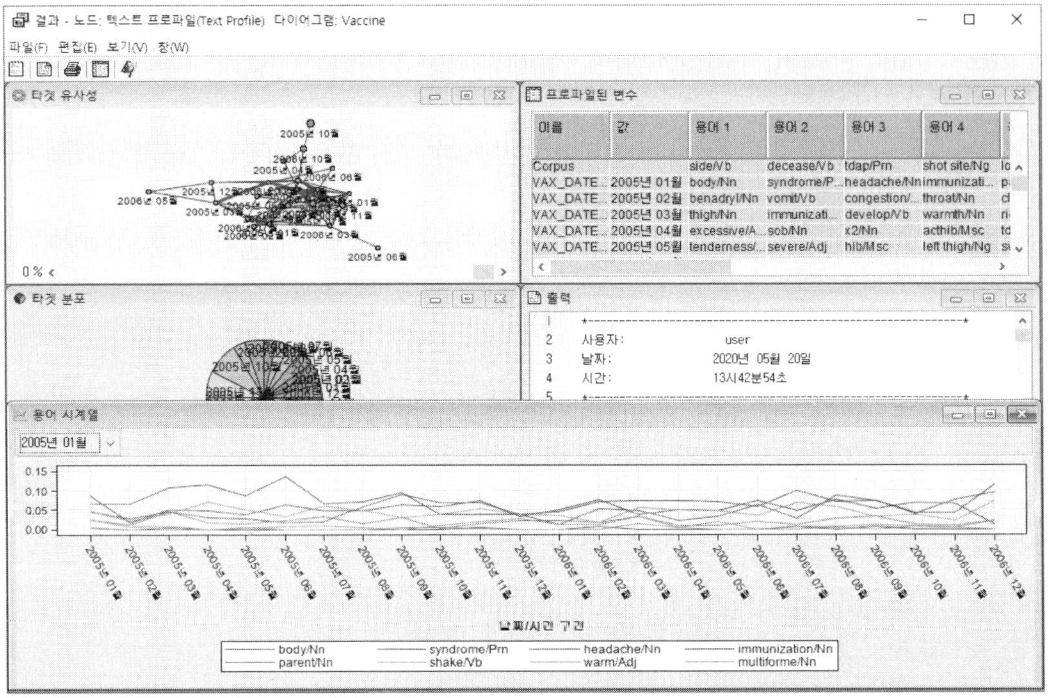

〈그림 7.12〉 텍스트 프로파일(Text Profile) 노드의 결과 윈도

텍스트 파싱(Text Parsing) 노드의 속성패널에서 언어(Language) 속성을 '영어'로 지정하고, 엔터티 찾기(Find Entities) 속성을 '표준(Standard)'으로 지정하여라(3.1절 및 3.2절 참조).

텍스트 프로파일(Text Profile) 노드의 속성패널에서 '날짜 범주화 간격'(Date Binning Interval) 속성을 '월'로 지정하여라.

다이어그램에서 텍스트 프로파일(Text Profile) 노드를 실행하면 〈그림 7.12〉와 같은 결과 윈도들이 출력된다.

먼저 〈그림 7.12〉에서 '프로파일된 변수' 테이블을 통해 각 월을 대표하는 용어들을 살펴볼 수 있다. 또한 '용어 시계열' 도표는 각 월을 대표하는 용어가 무엇이고, 그 용어들이 다른 월에서는 어떻게 발생하고 있는지를 시각적으로 제시한다.

다음과 같은 과정을 수행하여 '용어 시계열' 도표의 내용을 보다 자세하게 탐색하여 보자.

① '용어 시계열' 도표를 확대하여라(그림 7.13 참조).
② '용어 시계열' 도표의 월 목록에서 '2005년 10월'을 선택하여라. 그러면 해당 월을 대표하는 용어들의 분포가 나타난다.

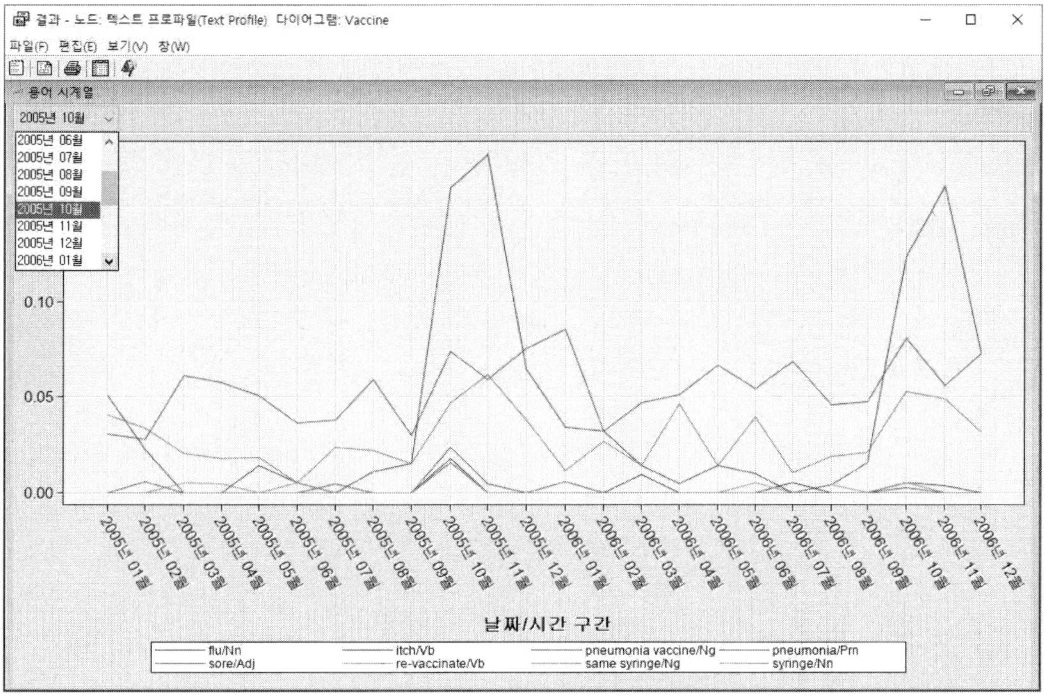

〈그림 7.13〉 용어 시계열 도표

예를 들어, 〈그림 7.13〉의 아래쪽 주석에서 '2005년 10월'을 대표하는 용어는 flu, itch, ⋯, syringe 등임을 볼 수 있다. 또한 용어 flu는 2005년 10월부터 여러 개월 동안 많이 발생하고 있음을 볼 수 있다.

제 8 장
텍스트 규칙 빌더

Text Rule Builder

이 장에서는 텍스트 규칙 빌더(Text Rule Builder) 노드를 활용하여 범주형 목표변수를 설명하고 예측하기 위한 규칙 집합들을 도출하는 내용을 설명한다.

8.1 텍스트 규칙 빌더(Text Rule Builder) 노드

텍스트 규칙 빌더(Text Rule Builder) 노드는 일반적으로 텍스트 필터(Text Filter) 노드의 다음에 위치하며, 범주형 목표변수(target variable)가 있을 경우 각 범주를 설명하고 예측하기 위한 규칙 집합들을 도출하는 작업을 수행할 수 있다.

텍스트 필터(Text Filter) 노드에서 도출되는 용어는 AND(&)와 NOT(~)으로 연결된 규칙 집합(rule set)의 형태를 가진다. 예를 들어, 목표변수의 특정 범주에 대하여 "용어1 & 용어2 & ~용어3"이라는 규칙이 도출되었다면, 어떤 문서에 '용어1과 용어2가 발생하고 용어3이 발생하지 않을 경우' 해당 범주로 예측할 수 있다는 것을 의미한다.

먼저 7장의 다이어그램에 텍스트 규칙 빌더(Text Rule Builder) 노드를 추가하여 〈그림 8.1〉과 같이 다이어그램을 작성하여라.

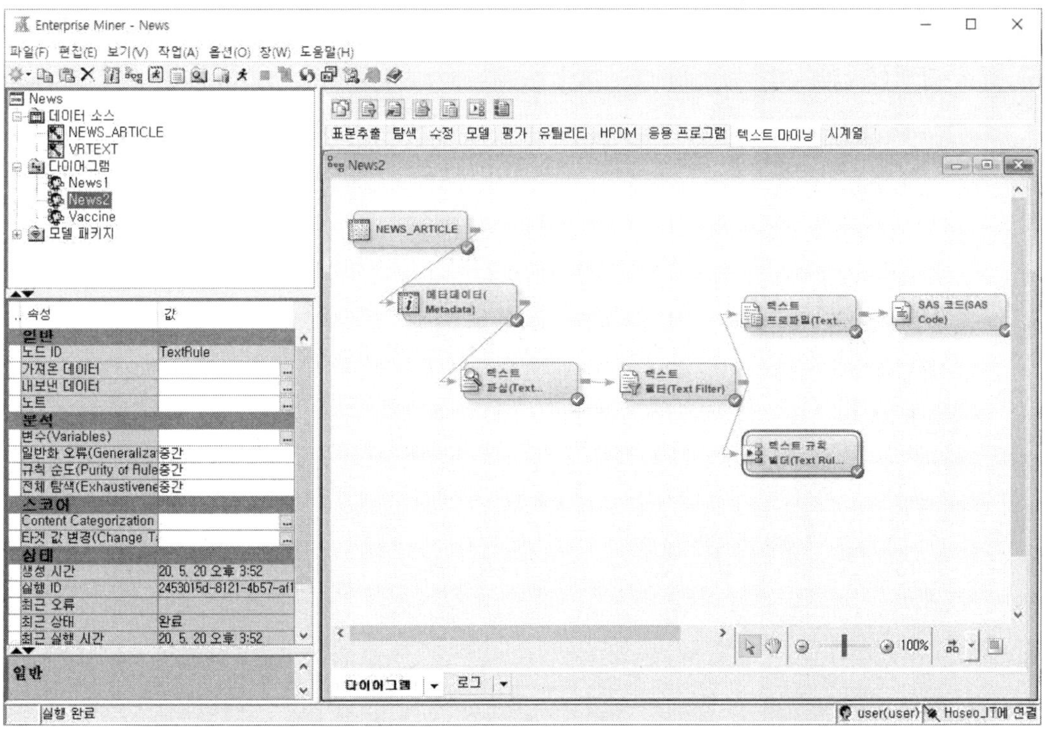

〈그림 8.1〉 텍스트 규칙 빌더(Text Rule Builder) 노드의 속성 패널

⟨그림 8.1⟩은 텍스트 규칙 빌더(Text Rule Builder) 노드의 속성패널을 보여주고 있는데, 여기에서 지정할 수 있는 주요 속성들은 다음과 같다.

○ 일반화 오류(Generalization Error)

평가용(validation) 데이터가 있을 경우 이를 바탕으로 예측확률을 활용할 정도를 지정한다(매우 낮음, 낮음, 중간, 높음, 매우 높음). 이 속성을 높게 설정할수록 과적합(overfitting)을 방지할 수 있지만, 예측에 유용한 규칙을 덜 찾게 된다. 평가용 데이터는 별도의 데이터셋으로 지정하거나, 데이터 분할(Data Partition) 노드를 이용하여 비율을 설정할 수 있다.[1]

○ 규칙 순도(Purity of Rules)

텍스트 규칙을 만들 때 적용할 규칙의 순도(purity)를 지정한다. 이 속성을 높게 설정하면 규칙에 특정 용어가 포함될 확률이 작아지며, 결과적으로 소수의 용어로 이루어진 규칙들이 많이 도출된다. 반대로 이 속성을 낮게 설정하면 규칙에 특정 용어가 포함될 확률이 커지며, 결과적으로 다수의 용어로 이루어진 규칙들이 많이 도출된다. 규칙에 용어를 추가할 때 적용되는 p-값(유의확률)에 대한 기준은 다음과 같다. – 매우 낮음: $p < .17$, 낮음: $p < .05$, 중간: $p < .005$, 높음: $p < .0005$, 매우 높음: $p < .00005$.

○ 전체 탐색(Exhaustiveness)

규칙에 추가하거나 규칙에 있는 결합을 검증할 용어의 개수를 제어한다(매우 낮음, 낮음, 중간, 높음, 매우 높음). 이 속성을 높게 설정할수록 검증 속도가 느려지고 과적합할 확률이 높아진다.

8.2 노드 결과

텍스트 규칙 빌더(Text Rule Builder) 노드를 수행하면 ⟨그림 8.2⟩와 같은 결과 윈도들이 출력된다. 여기에서는 이 윈도들의 내용을 간단히 설명하도록 한다.

8.2.1 가져온 규칙 테이블

목표변수의 각 범주별로 도출된 규칙 집합을 테이블의 형태로 출력한다. 여기에는 타겟값(목표변수의 범주), 규칙의 고유번호, 규칙의 내용이 제시된다. 또한 각 규칙에 대한 정확도 등이 제시된다(이들에 대하여는 8.3절에서 자세히 설명할 것이다).

[1]이러한 내용에 대하여는 “강현철, 한상태, 최종후, 이성건, 김은석, 엄익현 (2014). 빅데이터 분석을 위한 데이터 마이닝 방법론 – SAS Enterprise Miner 활용사례를 중심으로(자유아카데미)”를 참고하여라.

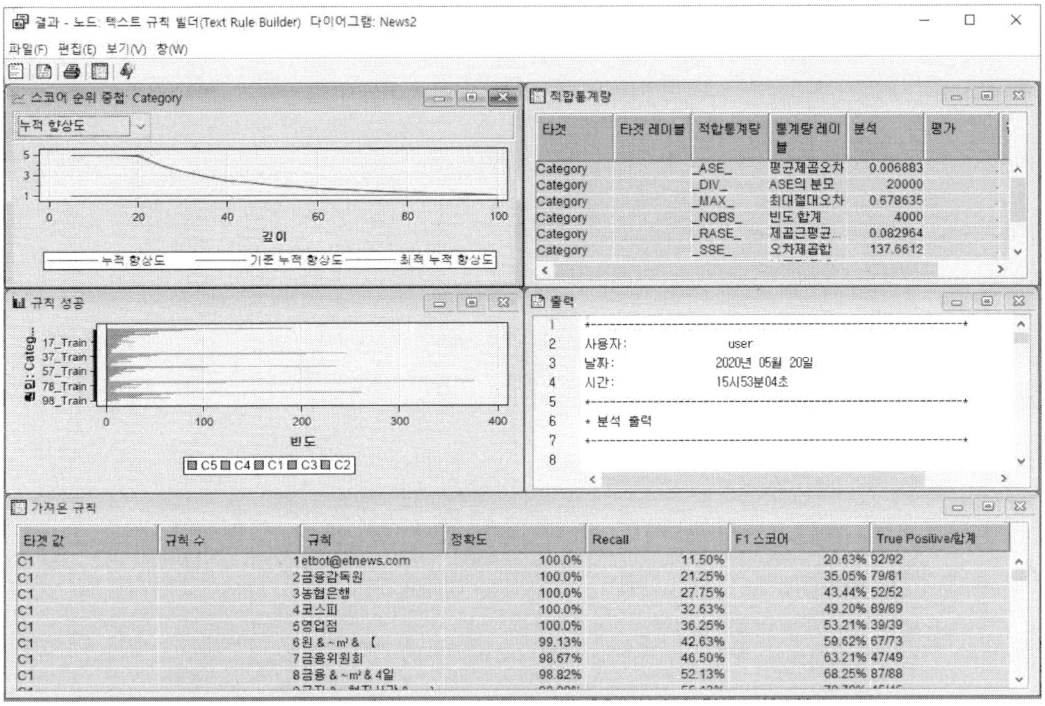

〈그림 8.2〉 텍스트 규칙 빌더(Text Rule Builder) 노드의 결과 윈도

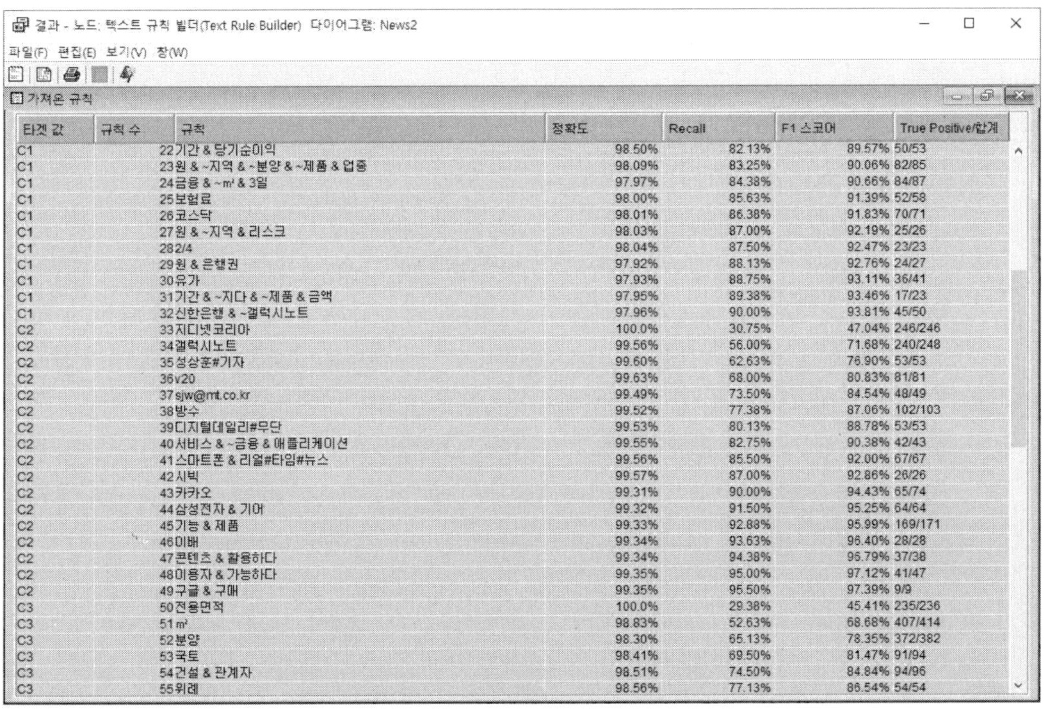

〈그림 8.3〉 가져온 규칙 테이블

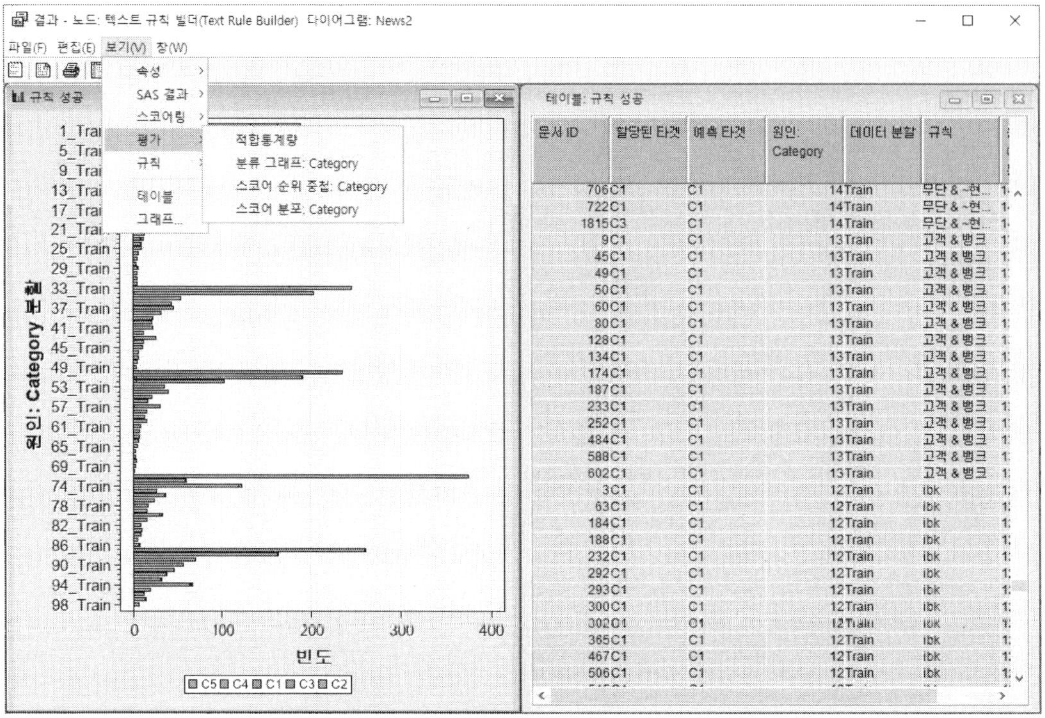

〈그림 8.4〉 규칙 성공 도표 및 테이블

8.2.2 도표

〈그림 8.2〉에서 볼 수 있는 바와 같이 텍스트 규칙 빌더(Text Rule Builder) 노드는 다음과 같은 도표들을 출력한다.

- 스코어 순위 중첩(Score Rankings Overlay): 도출된 규칙을 통해 예측을 수행할 경우, 예측의 정확도에 대한 평가 정보들을 제공한다(8.3절 참조). 평가용 데이터가 존재할 경우, 분석용(train) 데이터와 평가용(validation) 데이터의 패턴이 유사하면 모형의 안정성이 높음을 의미한다.
- 규칙 성공(Rule Success): 각 규칙의 고유번호(ID)별로 해당하는 문서의 개수를 출력한다. 〈그림 8.3〉에서 볼 수 있는 바와 같이 보기(V) 메뉴를 이용하여 다양한 도표를 살펴볼 수 있으며, 도표와 연결된 테이블의 내용도 살펴볼 수 있다(2.4절 참조).

8.2.3 스코어 속성

텍스트 프로파일(Text Profile) 노드를 수행한 후, 속성패널에서 'Content Categorization 코드'와 '타겟 값 변경' 속성을 이용하여 다음과 같은 작업을 수행할 수 있다.

- Content Categorization 코드: 각 타겟 범주에 대하여 생성된 SAS 코드를 살펴볼 수 있다. 생성된 코드는 다른 SAS 작업에서 사용될 수 있다(그림 8,5 참조).
- 타겟 값 변경(Change Target Values): 각 문서별 예측 범주와 사후확률 등을 살펴볼 수 있으며, 사용자가 예측값(할당된 타겟)을 다른 값으로 변경할 수 있다(그림 8.6 참조).

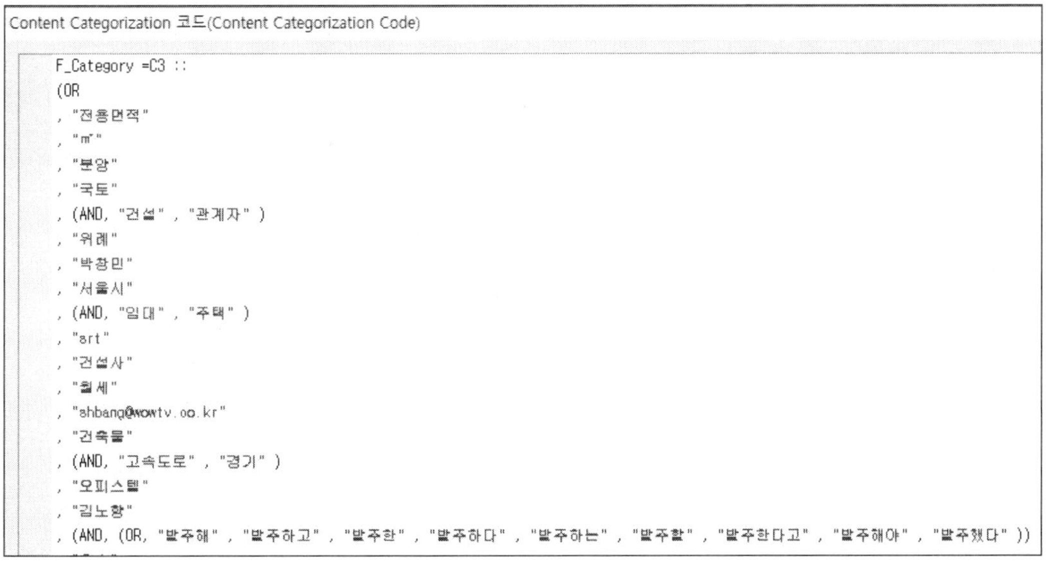

〈그림 8.5〉 Content Categorization 코드

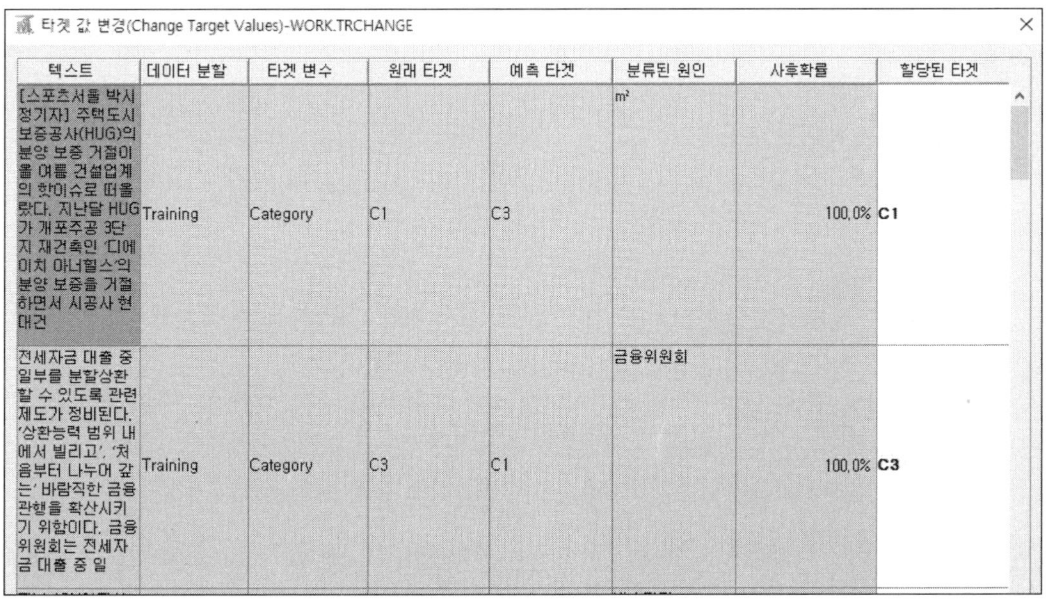

〈그림 8.6〉 타겟 값 변경

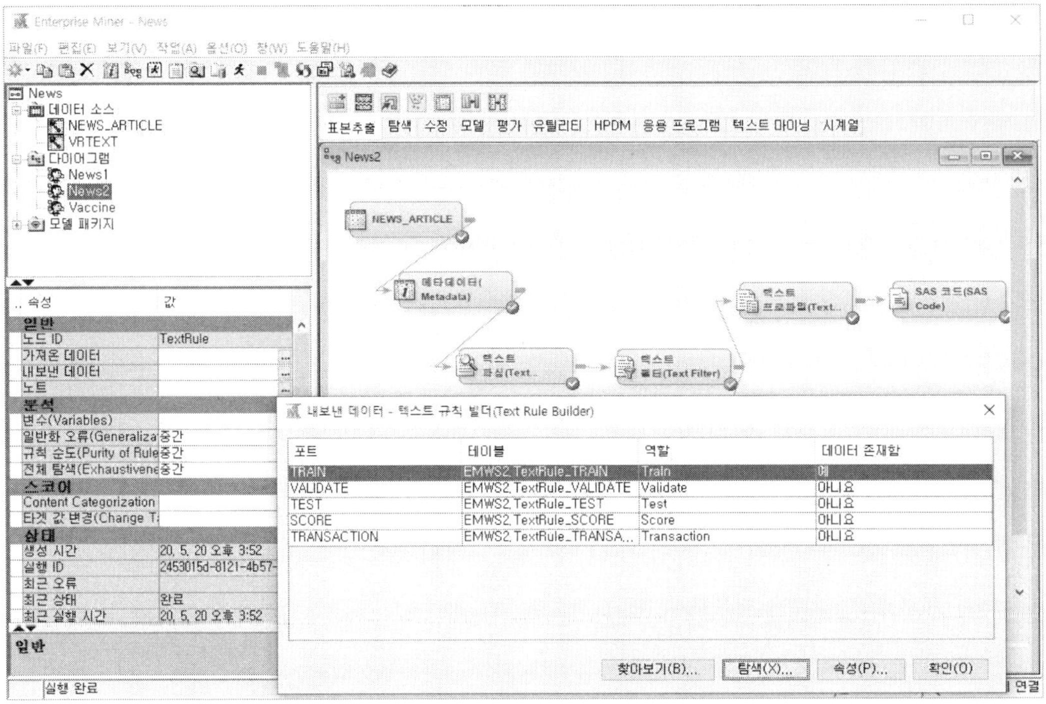

〈그림 8.7〉 내보낸 데이터 선택 대화상자

8.2.4 내보낸 데이터 탐색

텍스트 프로파일(Text Profile) 노드를 수행한 후, 속성패널에서 다음과 같은 작업을 수행하면 이 노드에 의해서 생성된 데이터를 살펴볼 수 있다.

① 속성 패널에서 '내보낸 데이터' 필드의 '· · ·' 버튼을 클릭한다.
② '내보낸 데이터 선택' 대화상자에서 역할이 Train인 테이블을 선택하고, 탐색(X) 버튼을 클릭한다(그림 8.7 참조).

그러면 〈그림 8.8〉에서와 같이 데이터 및 요약 통계량 테이블들을 살펴볼 수 있다. 이 데이터 테이블은 다음과 같은 칼럼(변수)들로 구성되어 있다.

- Rule_Category: 각 문서에 적용될 수 있는 후보 규칙의 고유번호들이 제시된다.
- P_CategoryC1, P_CategoryC2, · · ·: 목표변수의 각 범주에 속할 예측확률이 제시된다.
- I_Category: 원래의 범주가 제시된다.
- F_Category: 예측된 범주가 제시된다.
- W_Category: 후보 규칙들 중 가장 추천되는 규칙의 고유번호가 제시된다.

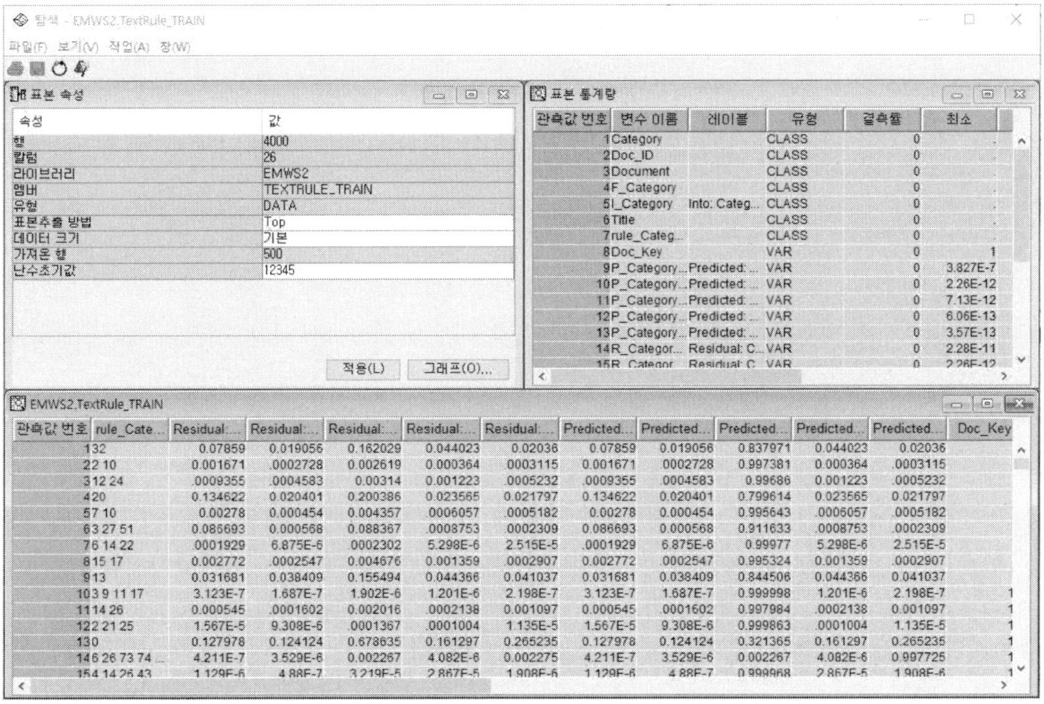

〈그림 8.8〉 텍스트 프로파일(Text Profile) 노드에 의해서 생성된 데이터

〈예 8.1〉 출력 데이터셋을 저장하는 SAS 코드

```
LIBNAME tmout 'c:\My_Work\Text_Outdata';

DATA tmout.rule_out;
    SET &EM_IMPORT_DATA;
RUN;
```

또한 2.6절에서와 유사한 방법으로 SAS 코드(Code) 노드를 이용하여 데이터 테이블을 SAS 데이터셋으로 저장할 수도 있다. 〈예 8.1〉의 프로그램에서 매크로 변수 &EM_IMPORT_DATA는 연결된 노드에서 SAS 코드(Code) 노드로 넘어오는 분석 데이터셋의 이름을 지칭한다.

8.3 규칙에 대한 평가

앞의 결과들에서 볼 수 있듯이 텍스트 프로파일(Text Profile) 노드에서는 도출된 각 규칙 및 전체 결과에 대하여 여러 가지 정확도 통계량들을 출력한다.

8.3.1 정확도 통계량

⟨그림 8.3⟩의 '가져온 규칙' 테이블에는 도출된 각 규칙에 대하여 Precision(정확도), Recall, F1-Score 등이 제시되어 있다. 여기에서는 이 통계량들의 의미를 보다 자세히 설명하도록 하겠다.

먼저 목표변수의 특정 범주 C_k에 대하여 어떤 규칙 R_i가 도출되었다고 하자. 예를 들어, ⟨그림 8.3⟩의 '가져온 규칙' 테이블에서 범주 C_1에 대하여 규칙 R_{22}={기간 & 당기순이익}이 도출되었음을 볼 수 있다. 그리고 규칙 R_i를 이용하여 각 문서에 예측을 수행할 경우 다음과 같은 빈도를 정의할 수 있다.

- TP(true positive): 실제 범주가 C_k이고 예측 범주도 C_k인 문서들의 개수.
- FP(false positive): 실제 범주는 C_k가 아닌데 예측 범주가 C_k인 문서들의 개수.
- FN(false negative): 실제 범주가 C_k인데 예측 범주는 C_k가 아닌 문서들의 개수.

이러한 빈도들에 의해 다음과 같이 ⟨그림 8.3⟩에 제시되는 정확도 측도들이 정의될 수 있다.

$$Precision = \frac{TP}{TP+FP},$$

$$Recall = \frac{TP}{TP+FN},$$

$$F1\text{-}Score = 2 \times \frac{Precision \times Recall}{Precision + Recall}.$$

즉, Precision과 Recall은 서로 다른 측면을 보여주는 정확도이고, F1-Score는 Precision과 Recall의 조화평균(harmonic mean)이다.

한편, '가져온 규칙' 테이블의 'TP/Total' 칼럼에서 Total은 전체 문서 중에서 규칙 R_i를 가지고 있는 문서들의 개수이다. 예를 들어, R_{22}={기간 & 당기순이익}에 대하여 전체 문서 중에서 '기간'과 '당기순이익'이라는 용어를 모두 포함하고 있는 문서는 53개이고, 이 중 실제 범주가 C_1인 문서는 50개임을 볼 수 있다.

8.3.2 적합도 통계량

위의 정확도 통계량들은 각 규칙에 대한 평가를 위해 사용되며, 텍스트 프로파일(Text Profile) 노드에서는 규칙 전체에 대한 평가를 위한 적합도 통계량들도 출력한다. 즉, 적합도 통계량들은 도출된 규칙들을 이용하여 범주를 예측할 경우 어느 정도의 예측력을 가지는지를 나타낸다.

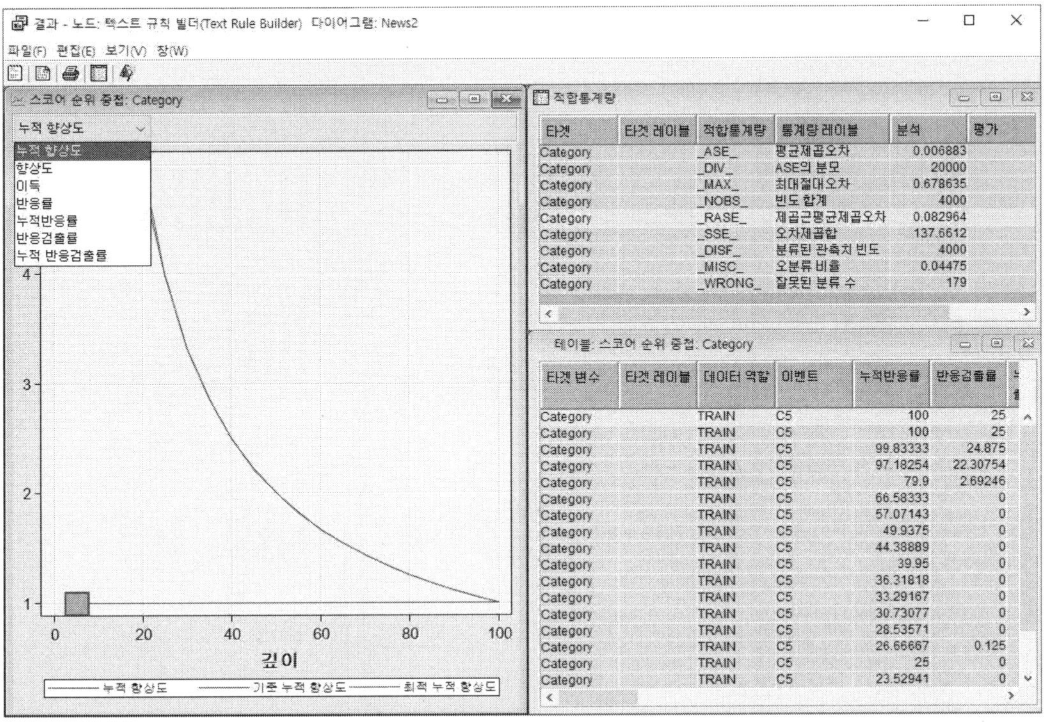

〈그림 8.9〉 규칙 성공 도표 및 테이블

예를 들어, 전반적인 모형 평가를 위해 주로 사용되는 평균제곱오차(average squared error)와 오분류비율(missclassification rate)은 다음과 같이 정의된다.

$$\text{Average Squared Error} = \frac{1}{M \times K} \sum_{m=1}^{m} \sum_{k=1}^{K} (Y_{mk} - P_{mk})^2,$$

$$\text{Missclassification Rate} = \frac{U}{M}$$

여기에서 M은 전체 문서의 개수, K는 목표 범주의 개수, U는 잘못 분류된 문서의 개수이다. 또한 Y_{mk}는 m번째 문서의 실제 범주가 C_k이면 1, 아니면 0을 가지는 변수이고, P_{mk}는 m번째 문서가 k번째 범주에 속할 것으로 예측되는 확률이다. 평균제곱오차와 오분류비율이 작을수록 전반적으로 분류가 잘 되었음을 나타낸다.

예를 들어, 이 장의 사례에서는 $M = 4,000$, $K = 500$이고 〈그림 8.7〉에서 $U = 179$임을 볼 수 있다. 따라서 오분류비율은 179/4,000=4.48%임을 볼 수 있다.

8.3.3 스코어 순위 중첩 그래프

스코어 순위 중첩(score rankings overlay) 그래프는 향상도, 이득, 반응률, 검출률 등을

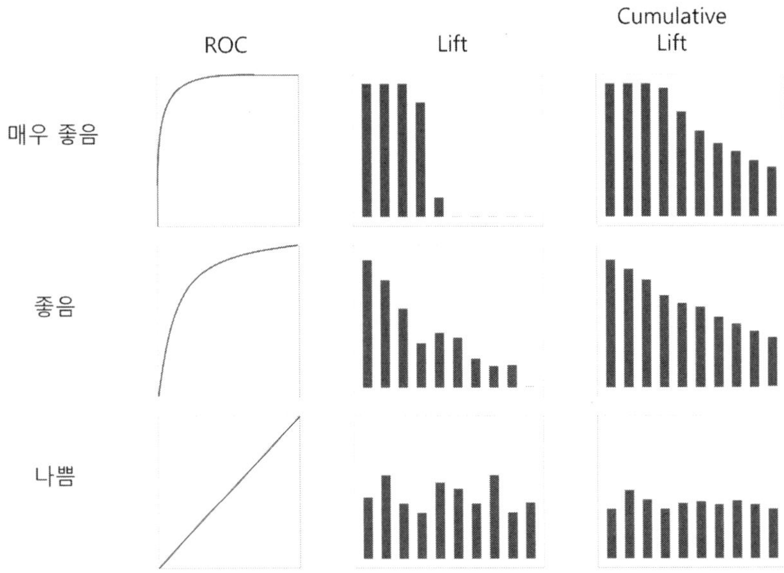

〈그림 8.10〉 향상도 그래프를 이용한 모형 평가

그래프로 표현하며, 이러한 그래프를 통해 전반적인 모형 평가를 수행할 수 있다.[2] 텍스트 프로파일(Text Profile) 노드에서는 앞에서 정의된 P_{mk}와 Y_{mk}를 이용하여 다음과 같은 과정을 통해 향상도 그래프를 작성한다.

(1) 데이터셋의 모든 개체에 대해 예측확률 P_{mk}를 구한다.

(2) P_{mk}의 크기에 따라 내림차순으로 집합 $Z_{mk} = \{P_{mk}, Y_{mk}\}$를 정렬한다.

(3) Z_{mk}를 동일한 개수를 가진 L개의 등급으로 나눈다($L = 10, 20, 100$ 등). 즉, 첫 번째 등급에는 P_{mk}가 1에 가까운 것들이, L번째 등급에는 P_{mk}가 0에 가까운 것들이 할당된다.

(4) 각 등급에서 '$Y_{mk} = 1$'인 것들의 개수를 센다.

(5) 다음의 정의에 따라 반응률(%Response), 반응검출률(%Captured Response), 향상도(lift) 통계량을 계산한다.

- **반응률**(%Response): 각 등급에서 '$Y_{mk} = 1$'인 것의 비율을 나타낸다.
- **향상도**(Lift): 기준 반응률에 비해 각 등급에서의 반응률이 얼마나 높은지를 나타낸다. 여기에서 기준 반응률은 전체 자료에서 '$Y_{mk} = 1$'인 것의 비율을 나타낸다.

[2]이러한 내용에 대하여는 "강현철, 한상태, 최종후, 이성건, 김은석, 엄익현 (2014). 빅데이터 분석을 위한 데이터 마이닝 방법론 – SAS Enterprise Miner 활용사례를 중심으로(자유아카데미)"를 참고하여라.

- 반응검출률(%Captured Response): '$Y_{mk} = 1$'인 것이 각 등급에 얼마나 분포하고 있는지를 나타낸다.

스코어 순위 중첩(score rankings overlay) 그래프는 이와 같이 계산된 통계량들을 도표로 표현한 것이다. 여기에서 각 등급은 예측확률에 따라 매겨진 것이므로, 좋은 예측모형이라면 당연히 상위 등급에서는 더 높은 반응률(혹은 향상도)을, 하위 등급에서는 더 낮은 반응률을 보여야만 한다. 만약 등급에 관계 없이 반응률(향상도)에 별 차이가 없다면 이는 예측모형의 성능이 좋지 않음을 나타낸다(그림 8.10 참조).

제 9 장
예측모형 구축 사례

Case Studies of Predictive Modeling

이 장에서는 **텍스트 토픽**(Text Topic) 노드와 **텍스트 클러스터**(Text Cluster) 노드로부터 얻어지는 차원점수들을 이용하여 목표변수를 예측하기 위한 예측모형을 구축하는 사례를 다룬다.

9.1 토픽 차원점수를 이용한 모형 구축

이 절의 사례를 위하여 ⟨그림 9.1⟩과 같이 다이어그램을 작성하여라. 2장 및 6장의 사례에서와 동일하게 **텍스트 파싱**(Text Parsing) 노드의 **속성 패널**에서 '언어(Language)' 속성을 '한국어'로 설정하고, '엔터티 찾기(Find Entities)' 속성을 '표준(Standard)'으로 설정하여라.

○ **텍스트 토픽(Text Topic) 노드 실행**

다이어그램에서 **텍스트 토픽**(Text Topic) 노드를 실행하고 그 결과를 살펴보기 바란다. 6장에서 살펴본 바와 같이 25개의 토픽들이 생성되었음을 확인하고(그림 6.3 참조), 각 토픽의 차원점수들이 'TextTopic_Raw1, TextTopic_Raw2, · · · , TextTopic_Raw25'라는 변수 이름으로 생성되어 내보낸 데이터에 저장되어 있음을 확인하여라(6.2.5절 참조).

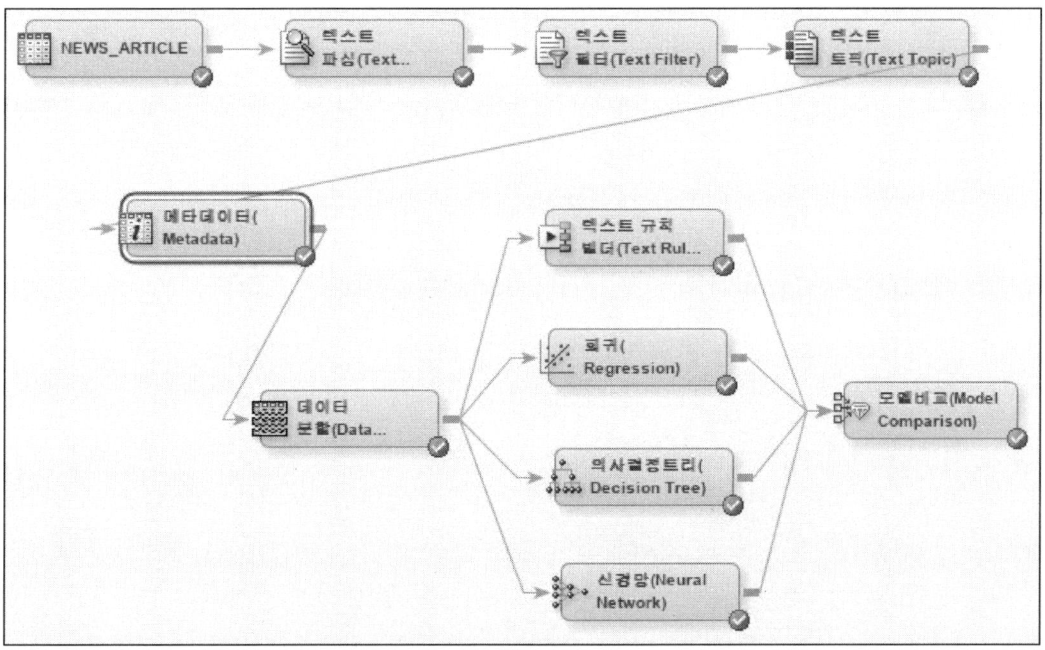

⟨그림 9.1⟩ 토픽 차원점수를 이용한 모형 구축 사례

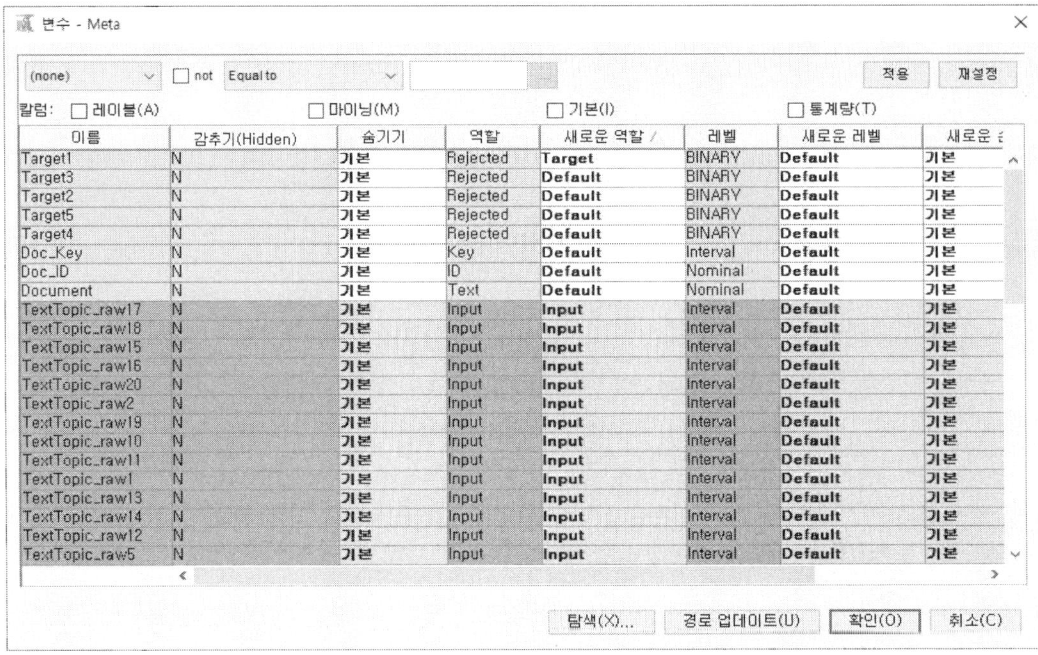

⟨그림 9.2⟩ 메타데이터(Metadata) 노드의 변수 대화상자

9.1.1 메타데이터(Metadata) 노드의 속성 설정

메타데이터(Metadata) 노드는 기존에 설정되어 변수들의 역할 등을 변경할 때 이용되는 노드이다. 2.5절에서와 유사한 방법으로 변수 Target1의 '새로운 역할' 필드를 Target으로 설정하고, 변수 'TextTopic_Raw1, TextTopic_Raw2, ⋯, TextTopic_Raw25'의 '새로운 역할' 필드를 Input으로 설정하여라(그림 9.2 참조).

9.1.2 데이터 분할(Data Partition) 노드의 속성 설정

데이터마이닝에서는 많은 변수를 가지고 있는 대규모의 데이터를 대상으로 하며 다양한 방법론에 의한 분석을 포함하고 있기 때문에, 모형의 타당성을 평가하고 여러 모형을 비교하는 작업이 필요하다. 이를 위해 가장 널리 사용되는 한 가지 전략은 데이터를 분석용(training), 평가용(validation), 검증용(test)으로 분할하여, 분석용 데이터를 이용하여 모형을 구축하고 평가용 또는 검증용 데이터를 이용하여 모형의 비교나 최종적인 평가를 수행하는 것이다. 이러한 방법을 교차타당도(cross validation)에 의한 평가라고 한다.[1]

[1]데이터 분할, 회귀, 의사결정트리, 신경망, 모델비교 등의 방법론에 대하여는 "강현철, 한상태, 최종후, 이성건, 김은석, 엄익현 (2014). 빅데이터 분석을 위한 데이터 마이닝 방법론 – SAS Enterprise Miner 활용사례를 중심으로(자유아카데미)"를 참고하여라.

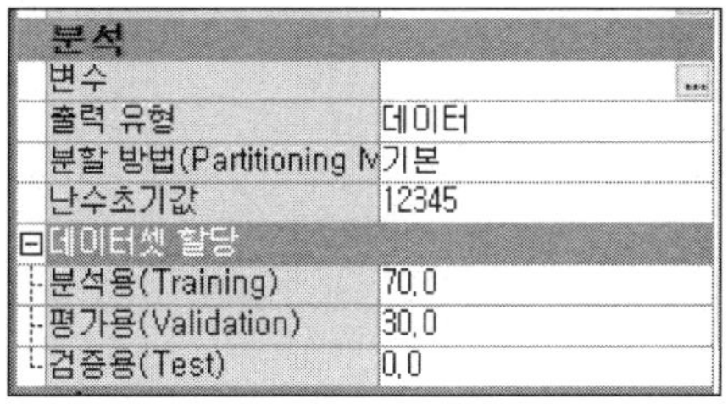

〈그림 9.3〉 데이터 분할(Data Partition) 노드의 분석 속성

- 분석용 데이터(Training Data): 데이터를 분석(학습)하여 모형을 만드는 데 직접적으로 사용되는 데이터이다.
- 평가용 데이터(Validation Data): 모형의 성능을 감독하고 개선하기 위하여 간접적으로 사용되는 데이터로서 의사결정트리(Decision Tree) 노드의 가지치기, 회귀(Regression) 노드의 변수선택, 신경망(Neural Network) 노드의 수렴값 결정 등에 사용된다.
- 검증용 데이터(Test Data): 모형의 생성에 전혀 사용되지 않으며, 일반화의 검토를 위해 사용되는 데이터이다.

데이터 분할(Data Partition) 노드는 입력 데이터셋을 분할하는 데 사용된다. 이 예에서는 데이터 분할(Data Partition) 노드의 분석 속성에서 분석용(training) 70%, 평가용(validation) 30%, 검증용(test) 0%로 지정하여라(그림 9.3 참조).

9.1.3 모델비교(Model Comparison) 노드의 결과 보기

모델비교(Model Comparison) 노드는 데이터마이닝 작업에 의해서 얻어진 모형을 다양한 방법으로 평가하는 노드이다. 다이어그램에서 모델비교(Model Comparison) 노드를 실행하고 그 결과를 살펴보아라.

○ ROC 그래프

ROC(Receiver Operation Characteristic) 곡선은 판별분석 분야에서 예측모형의 성능을 도표로 평가하기 위해 전통적으로 사용되어져 온 것 중 하나이다. 특히 이는 정확도(정분류율)라는 관점에서 모형의 성능을 살펴볼 수 있다.

ROC 그래프에서 대각선은 우연에 의한 ROC 곡선을 의미한다(즉, 예측력이 전혀 없는 모형에 대한 ROC 곡선을 의미한다). 따라서 좋은 성능을 가진 모형일수록 ROC 곡선은 대각선 위쪽에 위치하게 된다. 또한 ROC 곡선 아래의 면적(ROC 인덱스)이 예측모형의 성능을 측정하는 값으로 사용될 수 있다. 대각선의 밑면적이 0.5이므로, ROC 인덱스는 0.5와 1 사이에 존재하게 되며, 1에 가까울수록 예측모형의 성능이 좋음을 나타낸다.

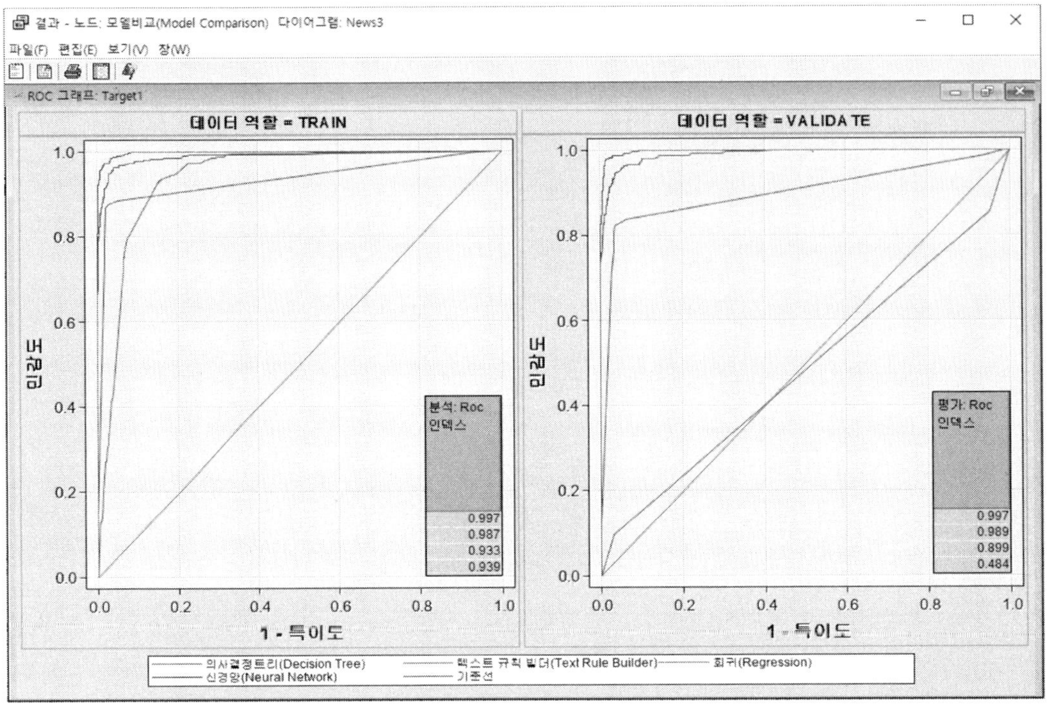

〈그림 9.4〉 ROC 그래프

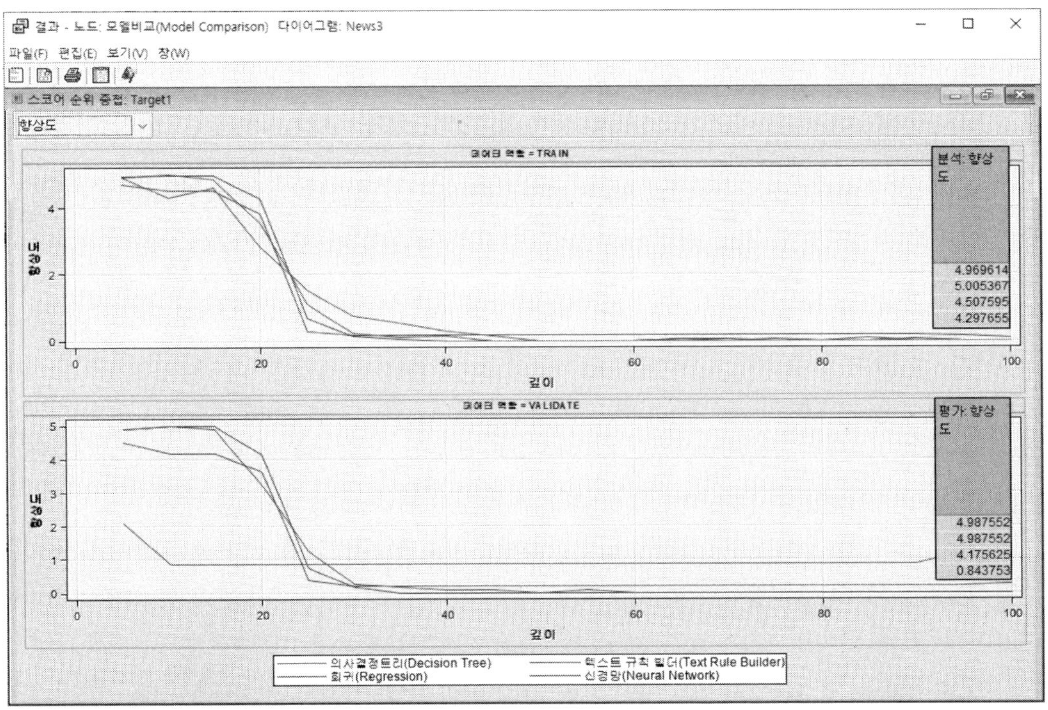

〈그림 9.5〉 향상도 그래프

⟨그림 9.4⟩를 살펴보면 회귀, 의사결정트리, 신경망 분석에 의한 ROC 곡선은 분석용과 평가용 데이터 모두에서 좋은 형태를 보이고 있다(ROC 인덱스는 **적합통계량** 테이블에서 살펴볼 수 있다).

반면에 텍스트 규칙 빌더에 의한 ROC 곡선은 분석용 데이터에서는 좋은 형태를 보이고 있으나, 평가용 데이터에서는 아주 나쁜 형태를 보이고 있다. 따라서 이 사례에서는 텍스트 규칙 빌더를 통해 얻어지는 예측모형은 일반화에 문제가 있음을 알 수 있다.

○ 향상도 그래프

향상도 그래프는 예측확률에 의해 데이터를 몇 개의 등급으로 나누고, 각 등급에서의 향상도(또는 반응률)를 표현한 것이다. 8.3.3절에서 설명한 바와 같이 좋은 예측모형이라면 당연히 상위 등급에서는 더 높은 향상도(혹은 반응률)를, 하위 등급에서는 더 낮은 향상도를 보여야만 한다. 만약 등급에 관계 없이 향상도(반응률)에 별 차이가 없다면 이는 예측모형의 성능이 좋지 않음을 나타낸다.

이 사례에서는 ⟨그림 9.5⟩의 향상도 그래프를 통해서도 위에서와 동일한 결론을 내릴 수 있음을 볼 수 있다.

9.1.4 예측모형의 해석

SAS Enterprise Miner에는 회귀, 의사결정트리, 신경망 이외에도 많은 모형화 방법들이 포함되어 있다. 이 방법들은 각각의 특징들을 가지고 있으며, 각 분석에 의한 결과를 살펴봄으로써 의미 있는 해석을 얻을 수 있다. 여기에서는 회귀와 의사결정트리의 결과를 살펴볼 것이다.

○ 회귀(Regression) 노드의 결과

⟨그림 9.6⟩은 **회귀**(Regression) 노드를 이용한 로지스틱 회귀분석(logistic regression analysis)을 통해 얻어진 결과를 제시한 것이다. 특히 계수추정치(estimate)의 부호와 크기를 통해 각 입력변수가 예측에 어떤 형태로 영향을 주는지를 파악할 수 있다.

예를 들어, 토픽 1에 대한 차원점수(TextTopic_raw1)에 대한 계수추정치가 −14.099로서 음의 값을 가지므로, 이 토픽 차원점수가 클수록 '목표범주=1'일(문서가 금융 관련 기사일) 확률이 작아진다는 것을 알 수 있다. 반면에, 토픽 2에 대한 차원점수(TextTopic_raw2)에 대한 계수추정치가 54.940으로서 양의 값을 가지므로, 이 토픽 차원점수가 클수록 '목표범주=1'일 확률이 커진다는 것을 알 수 있다.[2]

---

[2]6.2절에서 토픽 1을 기술하는 용어들은 '테러, 폭탄, 공격, 자살, ⋯' 등 주로 테러와 관련된 것들이고, 토픽 2를 기술하는 용어들은 '주가, 업종, 외국인, 매물, 원대, ⋯' 등 주로 주식과 관련된 것들임을 상기하여라.

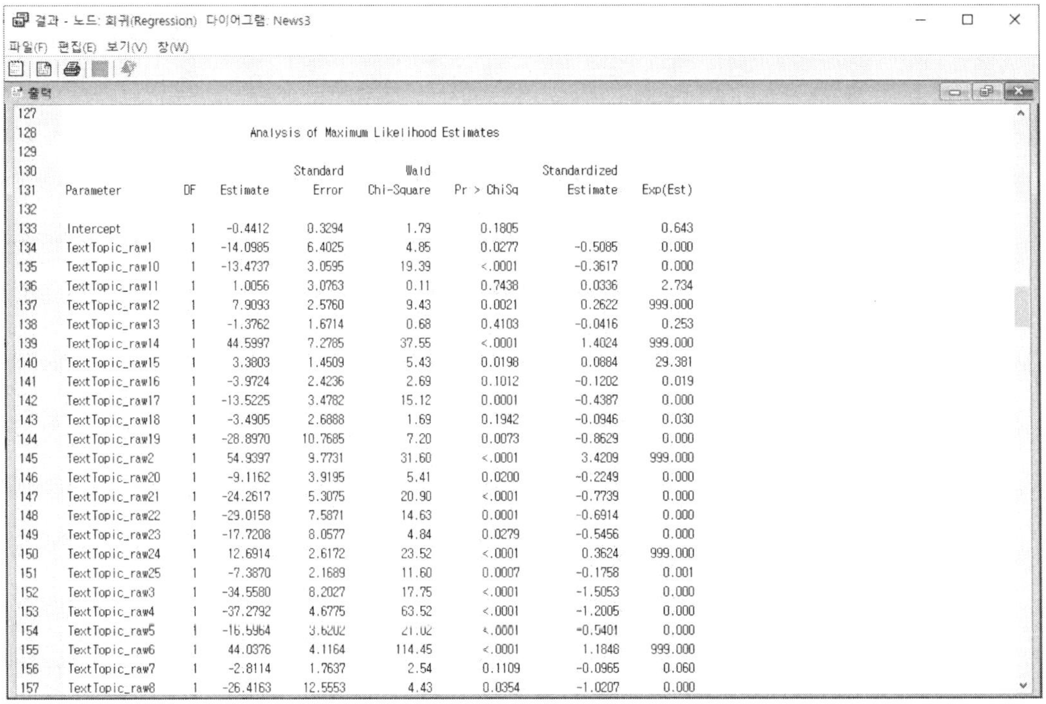

결과 - 노드: 회귀(Regression) 다이어그램: News3

Analysis of Maximum Likelihood Estimates

Parameter	DF	Estimate	Standard Error	Wald Chi-Square	Pr > ChiSq	Standardized Estimate	Exp(Est)
Intercept	1	-0.4412	0.3294	1.79	0.1805		0.643
TextTopic_raw1	1	-14.0985	6.4025	4.85	0.0277	-0.5085	0.000
TextTopic_raw10	1	-13.4737	3.0595	19.39	<.0001	-0.3617	0.000
TextTopic_raw11	1	1.0056	3.0763	0.11	0.7438	0.0336	2.734
TextTopic_raw12	1	7.9093	2.5760	9.43	0.0021	0.2622	999.000
TextTopic_raw13	1	-1.3762	1.6714	0.68	0.4103	-0.0416	0.253
TextTopic_raw14	1	44.5997	7.2785	37.55	<.0001	1.4024	999.000
TextTopic_raw15	1	3.3803	1.4509	5.43	0.0198	0.0884	29.381
TextTopic_raw16	1	-3.9724	2.4236	2.69	0.1012	-0.1202	0.019
TextTopic_raw17	1	-13.5225	3.4782	15.12	0.0001	-0.4387	0.000
TextTopic_raw18	1	-3.4905	2.6888	1.69	0.1942	-0.0946	0.030
TextTopic_raw19	1	-28.8970	10.7685	7.20	0.0073	-0.8629	0.000
TextTopic_raw2	1	54.9397	9.7731	31.60	<.0001	3.4209	999.000
TextTopic_raw20	1	-9.1162	3.9195	5.41	0.0200	-0.2249	0.000
TextTopic_raw21	1	-24.2617	5.3075	20.90	<.0001	-0.7739	0.000
TextTopic_raw22	1	-29.0158	7.5871	14.63	0.0001	-0.6914	0.000
TextTopic_raw23	1	-17.7208	8.0577	4.84	0.0279	-0.5456	0.000
TextTopic_raw24	1	12.6914	2.6172	23.52	<.0001	0.3624	999.000
TextTopic_raw25	1	-7.3870	2.1689	11.60	0.0007	-0.1758	0.001
TextTopic_raw3	1	-34.5580	8.2027	17.75	<.0001	-1.5053	0.000
TextTopic_raw4	1	-37.2792	4.6775	63.52	<.0001	-1.2005	0.000
TextTopic_raw5	1	-16.5964	3.6202	21.02	<.0001	-0.5401	0.000
TextTopic_raw6	1	44.0376	4.1164	114.45	<.0001	1.1846	999.000
TextTopic_raw7	1	-2.8114	1.7637	2.54	0.1109	-0.0965	0.060
TextTopic_raw8	1	-26.4163	12.5553	4.43	0.0354	-1.0207	0.000

〈그림 9.6〉 회귀(Regression) 노드의 결과

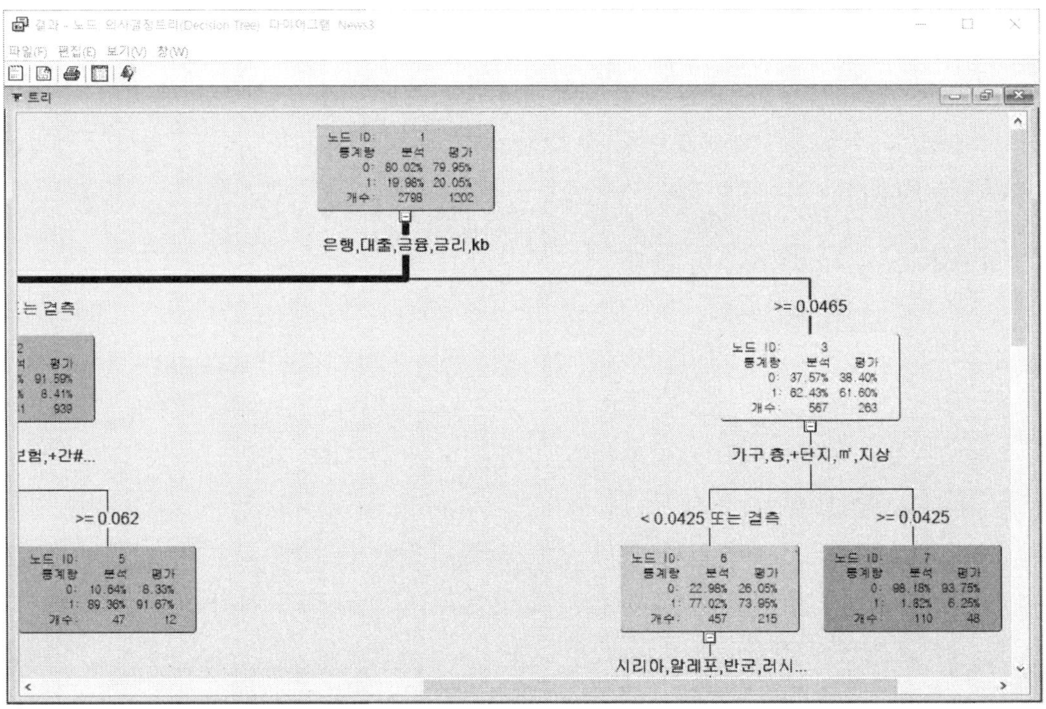

〈그림 9.7〉 의사결정트리(Decision Tree) 노드의 결과

○ **의사결정트리(Decision Tree) 노드의 결과**

〈그림 9.7〉은 의사결정트리(Decision Tree) 노드를 이용하여 얻어진 트리 구조를 제시한 것이다. 이 그림에 나타난 결과 중 일부를 해석하여 보면 다음과 같다.

먼저, 전체 문서에서 금융 관련 기사의 비율은 약 20%이다. TextTopic_raw6(은행, 대출, 금융, 금리, kb)가 0.0465 이상일 경우 금융 관련 기사의 비율(반응률)이 61.6%로 매우 높아진다(평가용 데이터를 기준으로 할 경우). 'TextTopic_raw6≥0.0465'이면서 TextTopic_raw3(가구, 층, 단지, m^2, 지상)이 0.0425 이상일 경우 금융 관련 기사의 비율이 6.3%로 매우 낮아진다.[3]

9.2 SVD 차원점수를 이용한 모형 구축

먼저 2.1.3절에서와 유사한 방법으로 Inssubro 데이터 소스를 생성하여라. 이때 변수 ClaimNo의 역할을 ID, 변수 AdjustorNotes의 역할을 Text로 설정하여라. 또한 나머지 변수들의 역할을 Rejected로 설정하여라(그림 9.8 참조).

Inssubro 데이터셋의 변수 AdjustorNotes에는 보험심사자가 기록한 텍스트 정보가 저장되어 있다(표 9.1 참조).

---

[3]6.2절에서 토픽 3을 기술하는 용어들은 '가구, 층, 단지, m^2, 지상, ...' 등 주로 주택과 관련된 것들이고, 토픽 6을 기술하는 용어들은 '은행, 대출, 금융, 금리, kb, ...' 등 주로 금융과 관련된 것들임을 상기하여라.

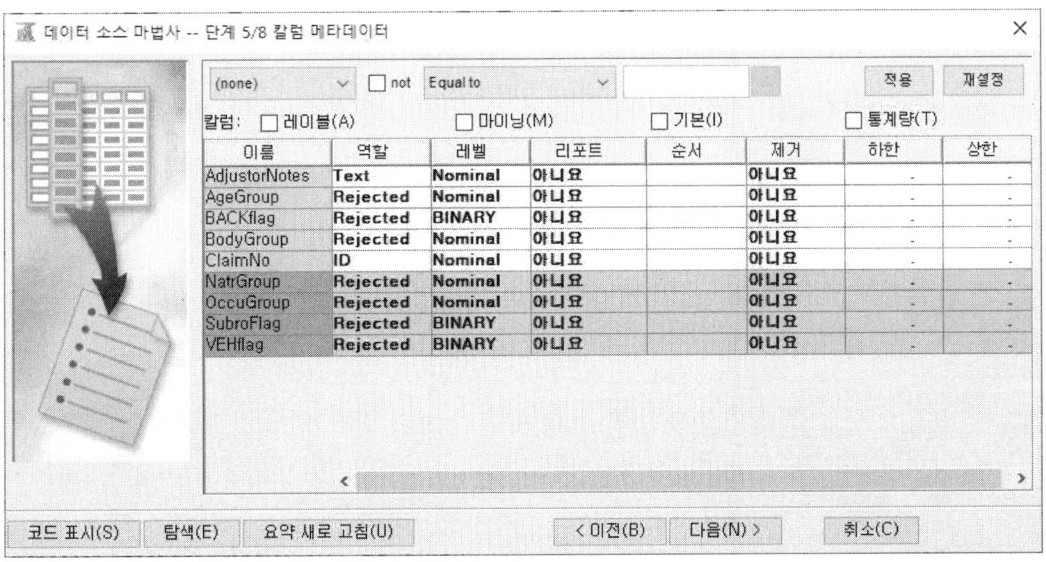

〈그림 9.8〉 칼럼 메타데이터

〈표 9.1〉 Inssubro 데이터셋의 내용

변수 이름	설명
ClaimNo	보험청구 번호
AdjustorNotes	보험심사자가 기록한 텍스트 정보
SubroFlag	목표변수: 1=보험대위가 되었음, 0=보험대위가 되지 않았음
AgeGroup	나이 범주: 1∼5, 9=결측값
BodyGroup	사고 신체부위 범주: 1∼6, 9=결측값
NatrGroup	사고 원인 범주: 1∼6, 9=결측값
OccuGroup	직업 코드: 0∼8, 9=결측값
BACKflag	상해 부위가 등을 포함하면 1, 아니면 0
VEHflag	상해가 차량으로 발생된 경우 1, 아니면 0

또한 Inssubro 데이터셋에는 이후의 모형 구축에서 목표변수로 사용될 SubroFlag와 입력변수로 사용될 6개의 변수가 포함되어 있다.

이 절의 사례를 위하여 〈그림 9.9〉와 같이 다이어그램을 작성하여라. 여기에는 두 개의 회귀(Regression) 노드가 포함되어 있다. 또한 **텍스트 파싱**(Text Parsing) 노드와 **텍스트 필터**(Text Filter) 노드를 실행하고 그 결과들을 살펴보아라.

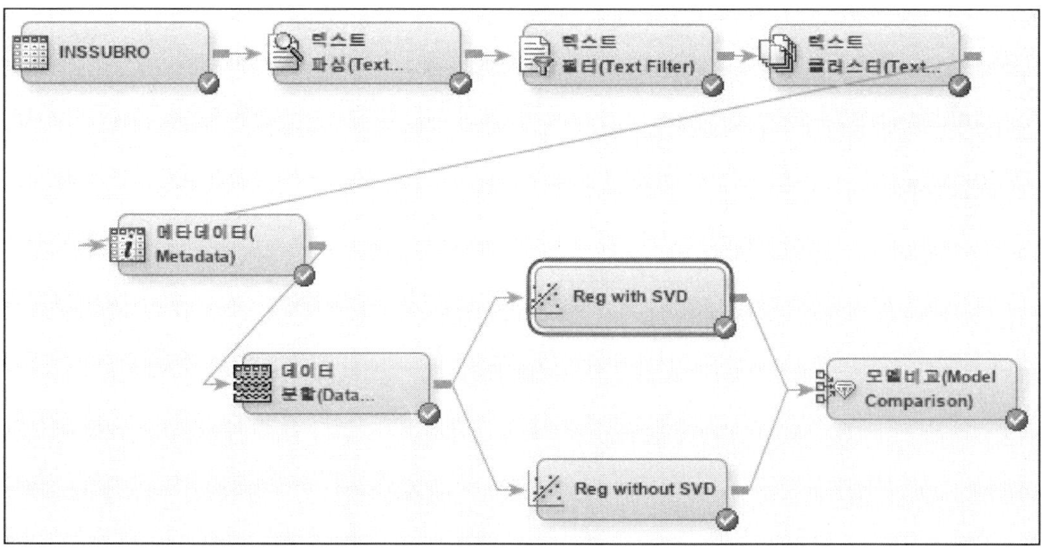

〈그림 9.9〉 SVD 차원점수를 이용한 모형 구축 사례

○ 텍스트 클러스터(Text Cluster) 노드 실행

다이어그램에서 텍스트 클러스터(Text Cluster) 노드를 실행하고 그 결과를 살펴보아라. 이 사례에서는 21개의 클러스터가 생성되었으며(여기에 결과를 제시하지는 않음), SVD를 통해 얻어진 50개의 차원점수들이 'TextCluster_SVD1, TextCluster_SVD2, ⋯, TextCluster_SVD50'이라는 변수 이름으로 생성되어 내보낸 데이터에 저장되어 있음을 확인하여라(5.2.3절 참조).

9.2.1 메타데이터(Metadata) 노드의 속성 설정

앞에서와 유사한 방법으로 변수 SubroFlag의 새로운 역할 필드를 Target으로 설정하고, AgeGroup 등 6개 변수의 새로운 역할 필드를 Input으로 설정하여라. 또한 변수 'TextCluster_SVD1, TextCluster_SVD2, ⋯, TextCluster_SVD50'의 경우 역할이 Input으로 설정되어 있음을 확인하여라(그림 9.10 참조).

그리고 앞 절에서와 유사한 방법으로 데이터 분할(Data Partition) 노드의 분석 속성에서 분석용(training) 70%, 평가용(validation) 30%, 검증용(test) 0%로 지정하여라(그림 9.3 참조).

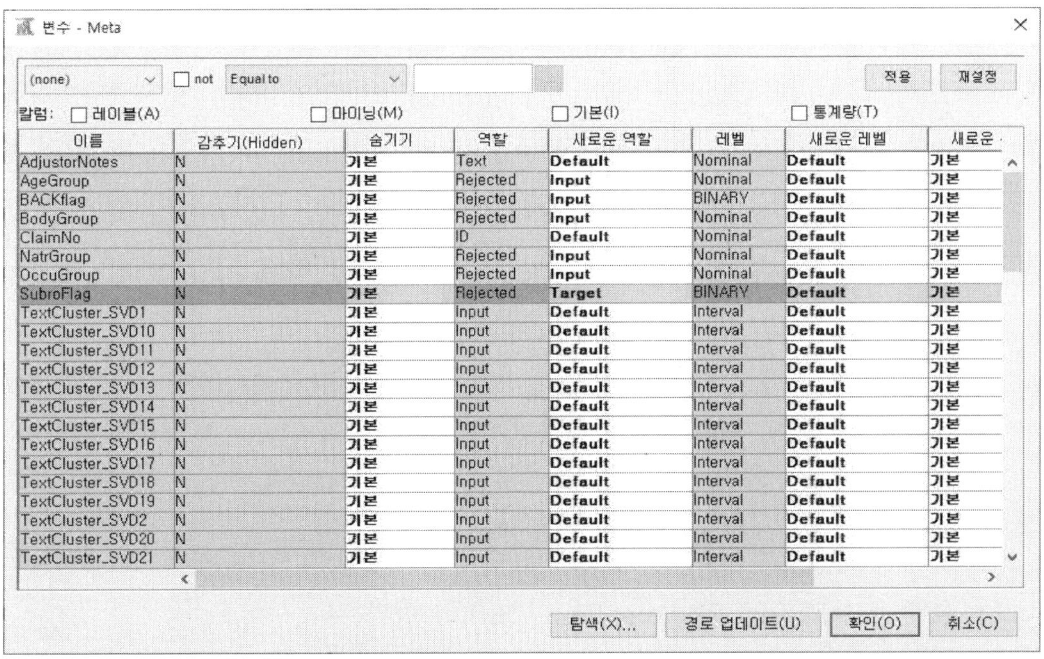

이름	감추기(Hidden)	숨기기	역할	새로운 역할	레벨	새로운 레벨	새로운
AdjustorNotes	N	기본	Text	Default	Nominal	Default	기본
AgeGroup	N	기본	Rejected	Input	Nominal	Default	기본
BACKflag	N	기본	Rejected	Input	BINARY	Default	기본
BodyGroup	N	기본	Rejected	Input	Nominal	Default	기본
ClaimNo	N	기본	ID	Default	Nominal	Default	기본
NatrGroup	N	기본	Rejected	Input	Nominal	Default	기본
OccuGroup	N	기본	Rejected	Input	Nominal	Default	기본
SubroFlag	N	기본	Rejected	Target	BINARY	Default	기본
TextCluster_SVD1	N	기본	Input	Default	Interval	Default	기본
TextCluster_SVD10	N	기본	Input	Default	Interval	Default	기본
TextCluster_SVD11	N	기본	Input	Default	Interval	Default	기본
TextCluster_SVD12	N	기본	Input	Default	Interval	Default	기본
TextCluster_SVD13	N	기본	Input	Default	Interval	Default	기본
TextCluster_SVD14	N	기본	Input	Default	Interval	Default	기본
TextCluster_SVD15	N	기본	Input	Default	Interval	Default	기본
TextCluster_SVD16	N	기본	Input	Default	Interval	Default	기본
TextCluster_SVD17	N	기본	Input	Default	Interval	Default	기본
TextCluster_SVD18	N	기본	Input	Default	Interval	Default	기본
TextCluster_SVD19	N	기본	Input	Default	Interval	Default	기본
TextCluster_SVD2	N	기본	Input	Default	Interval	Default	기본
TextCluster_SVD20	N	기본	Input	Default	Interval	Default	기본
TextCluster_SVD21	N	기본	Input	Default	Interval	Default	기본

⟨그림 9.10⟩ 메타데이터(Metadata) 노드의 변수 대화상자

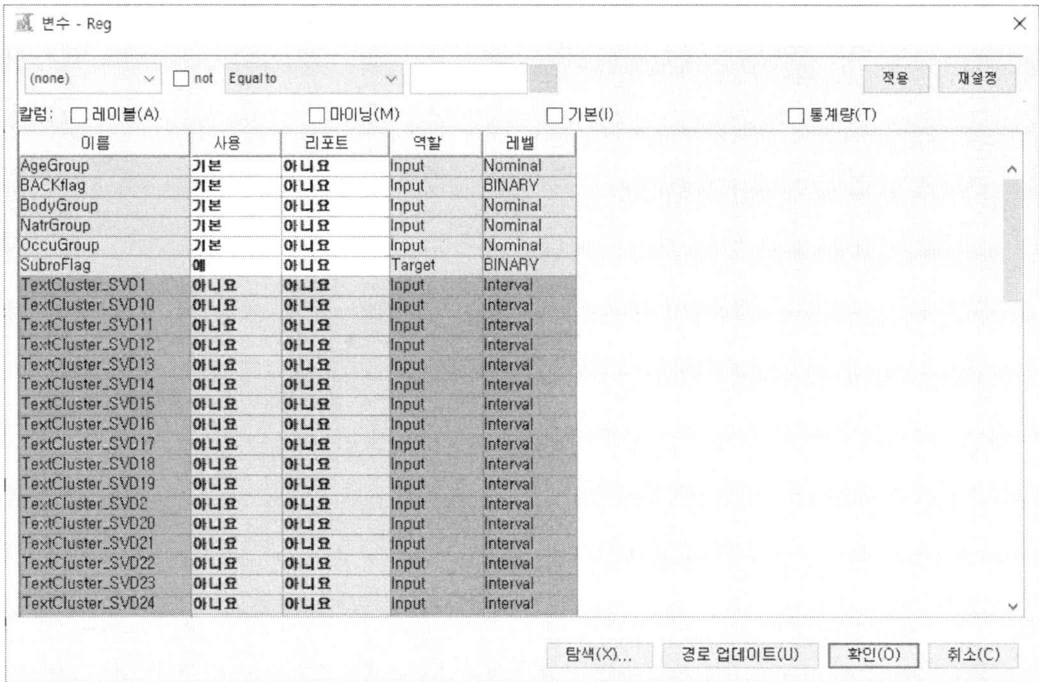

〈그림 9.11〉 회귀(Regression) 노드의 변수 대화상자

9.2.2 회귀(Regression) 노드의 속성 설정

먼저 회귀(Regression) 노드의 이름을 〈그림 9.9〉와 같이 변경하여라. 해당 노드를 마우스 오른쪽 버튼으로 클릭한 후, 빠른 메뉴(pop-up menu)에서 '이름 바꾸기'를 선택하고 이름을 변경하면 된다.

다이어그램의 아래쪽 회귀(Regression) 노드(즉, Reg without SVD)의 분석 속성에서 변수 대화상자를 열고, 변수 'TextCluster_SVD1, TextCluster_SVD2, $\cdots$, TextCluster_SVD50'의 사용' 필드를 '아니요'로 지정하여라.

즉, 이 절에서는 하나의 회귀(Regression) 노드에서는 기존의 입력변수와 SVD 차원 점수들을 모두 사용하여 예측모형을 구축하고, 다른 회귀(Regression) 노드에서는 기존의 입력변수만을 사용하여 예측모형을 구축하려고 한다. 다이어그램에서 두 개의 회귀노드를 각각 실행하고, 앞 절에서와 유사하게 그 결과들을 살펴보아라.

9.2.3 모델비교(Model Comparison) 노드의 결과 보기

앞 절에서와 유사한 방법으로 다이어그램에서 모델비교(Model Comparison) 노드를 실행하고 그 결과를 살펴보아라.

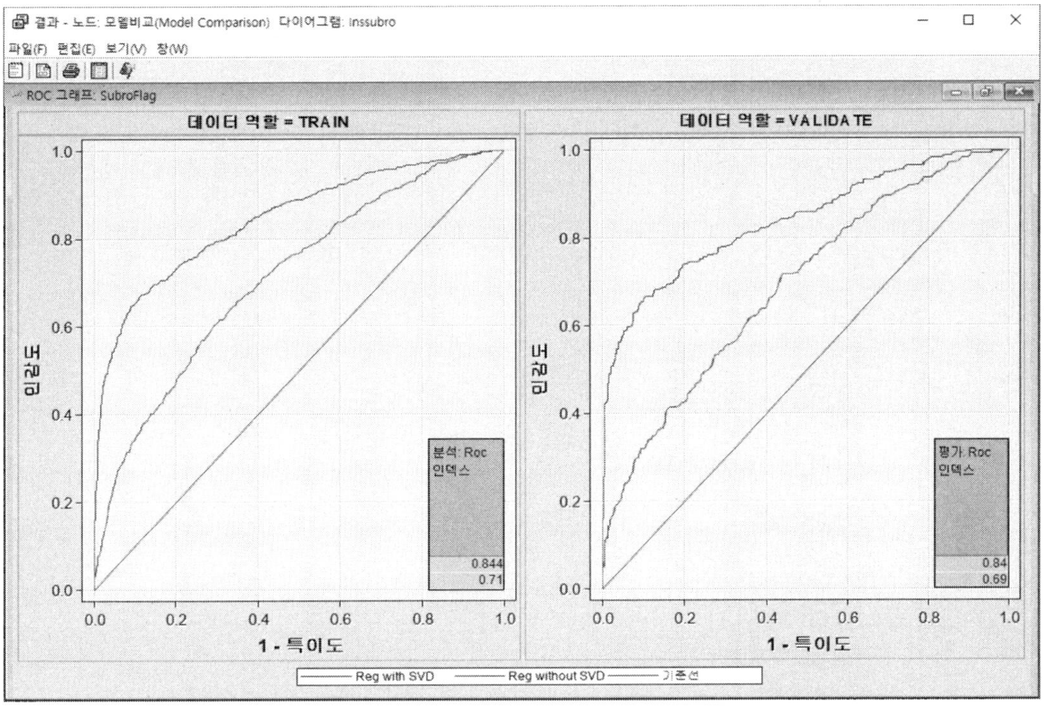

〈그림 9.12〉 ROC 그래프

ROC 그래프와 향상도 그래프 등을 살펴보면(그림 9.12 참조), SVD 차원점수를 입력변수로 함께 사용한 모형이 그렇지 않은 모형에 비하여 분석용과 평가용 데이터 모두에서 성능이 훨씬 좋음을 볼 수 있다.

제 10 장
텍스트 가져오기

Text Import

텍스트 분석을 수행하기 위하여 외부로부터 텍스트를 가져와야 하는 경우가 종종 있다. 이 장에서는 텍스트 가져오기(Text Import) 노드를 이용하여 디렉터리(directory) 또는 웹(web)으로부터 텍스트를 가져오는 방법을 다룬다.

10.1 디렉터리에서 텍스트 가져오기

이 절에서는 간단한 사례를 통해 텍스트 문서들이 저장되어 있는 특정 디렉터리(directory)로부터 텍스트를 가져오는 사례를 다룬다.

〈그림 10.1〉은 텍스트 가져오기(Text Import) 노드의 속성 패널을 보여주고 있는데, 여기에서 지정할 수 있는 분석 속성들은 다음과 같다.

○ 가져올 파일 디렉터리(Import File Directory)

가져올 텍스트 문서들이 저장되어 있는 디렉터리의 경로를 지정한다. 이 예에서는 'c:\My_Work\Text_Sample\Text_Raw'를 지정하였으며, 이 디렉터리에는 확장자가 txt, docs, xlsx인 파일이 각각 1개씩 들어 있다.

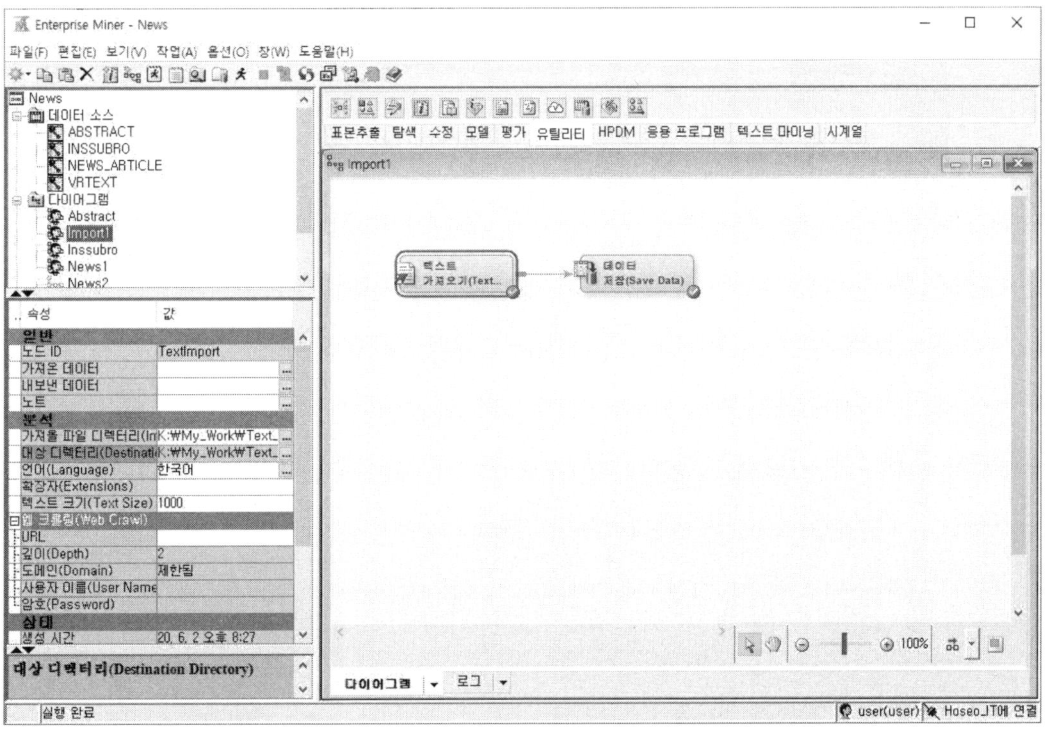

〈그림 10.1〉 텍스트 가져오기(Text Import) 노드의 '분석 속성' 지정

○ **대상 디렉터리(Destination Directory)**

가져온 텍스트들이 저장될 디렉터리 경로를 지정하며, 가급적 디폴트로 지정되어 있는 경로를 그대로 사용하는 것이 좋다. 텍스트 가져오기(Text Import) 노드는 가져온 텍스트를 .txt 형식의 파일로 각각 변환하여 저장한다. 이 예에서는 프로젝트 폴더의 내부에 있는 'c:\My_Work\Text_Project\News\Workspaces\EMWS*n*\TextImport\filtered_files'로 지정되어 있으며, 텍스트 가져오기가 종료된 후 해당 디렉터리를 살펴보면 가져온 문서만큼의 .txt 파일이 생성되어 있는 것을 볼 수 있다.

○ **언어(Language)**

가져올 텍스트의 언어(영어 또는 한국어 등)를 선택한다.

○ **확장자(Extensions)**

처리할 파일의 확장자를 입력한다. 이 속성을 입력하지 않으면 모든 유형의 파일이 처리 대상이 된다.

○ **텍스트 크기(Text Size)**

출력 데이터셋의 텍스트 변수에서 사용할 문자 수를 지정한다(디폴트: 100). 이 속성의 값을 너무 작게 지정하면 텍스트를 일부만 가져오게 되므로 주의가 필요하다. 최대 32,000까지 지정할 수 있다.

10.2 텍스트 가져오기(Text Import) 노드의 결과

텍스트 가져오기(Text Import) 노드를 수행하면 ⟨그림 10.2⟩와 같은 결과 윈도들이 출력된다. 여기에서는 이 윈도들의 내용을 간단히 설명하도록 한다.

10.2.1 도표

⟨그림 10.2⟩에서 볼 수 있는 바와 같이 텍스트 가져오기(Text Import) 노드는 다음과 같은 도표들을 출력한다.

- 생략/잘린 문서: 생략되거나 잘린 문서의 개수와 그렇지 않은 문서의 분포가 제시된다. 이것은 위의 '텍스트 크기' 속성의 지정과 관련이 있다.
- 문서 언어: 각 언어별 문서의 분포가 제시된다.
- 문서 유형: 각 유형(확장자)별 문서의 분포가 제시된다.
- 빈도별 생성/액세스/수정된 날짜: 각 문서들이 생성/수정된 날짜의 빈도가 제시된다.
- 빈도별 문서 길이: 각 문서들의 길이별 빈도가 제시된다.

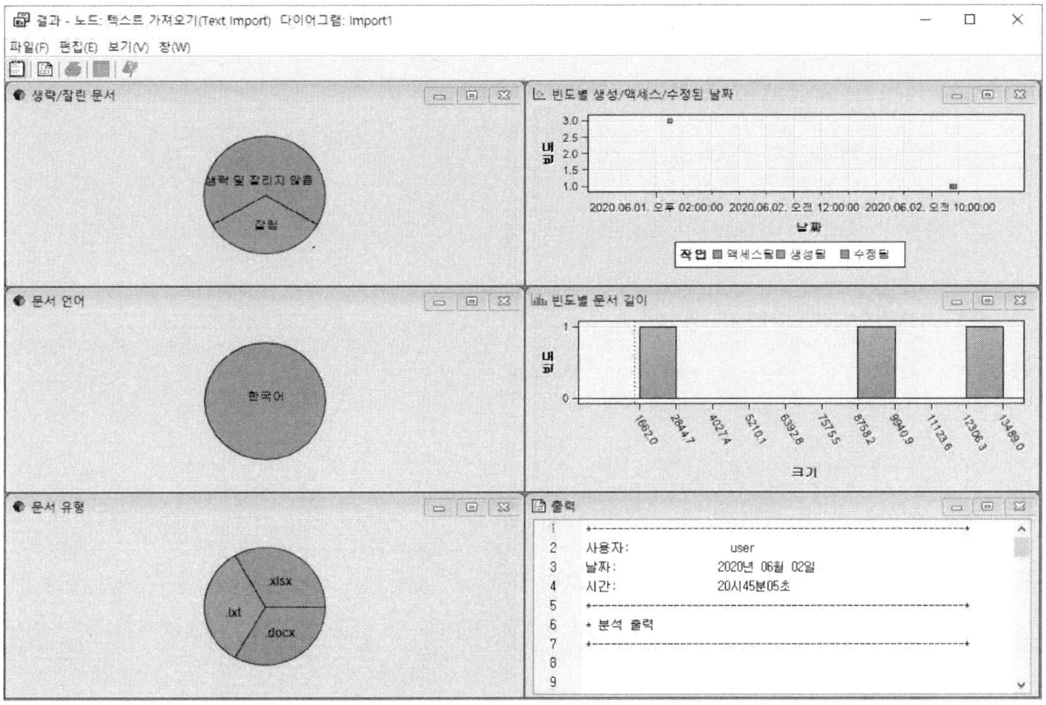

〈그림 10.2〉 텍스트 가져오기(Text Import) 노드의 결과 윈도

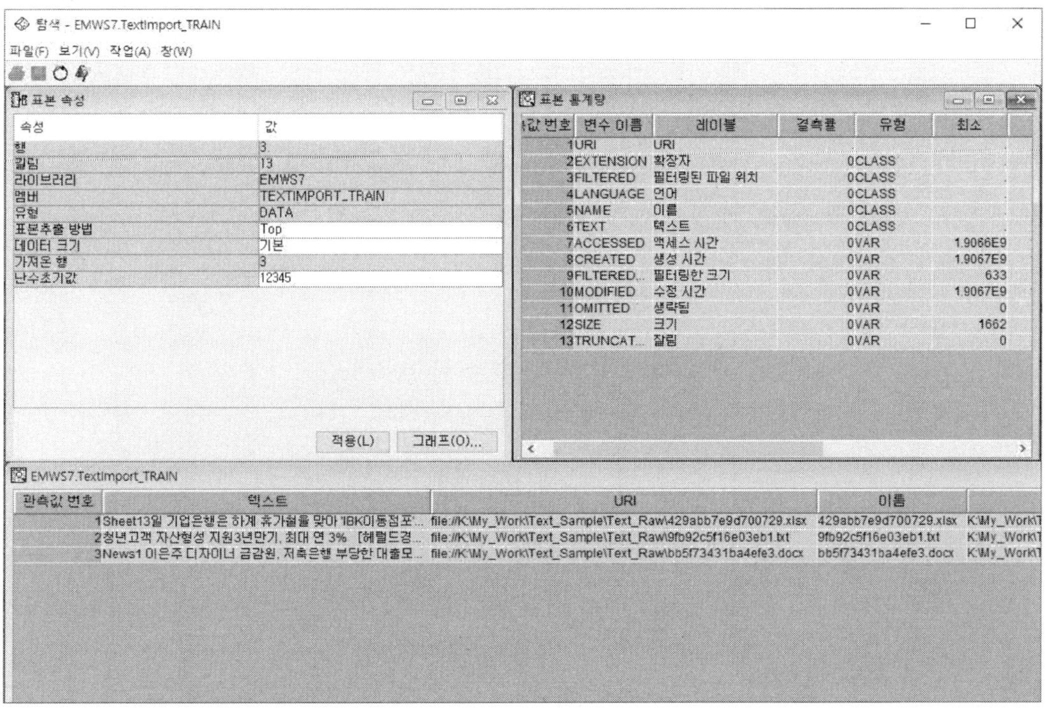

〈그림 10.3〉 텍스트 가져오기(Text Import) 노드에 의해서 생성된 데이터

10.2.2 내보낸 데이터 탐색

텍스트 가져오기(Text Import) 노드를 수행한 후, 앞에서 설명한 방법으로 내보낸 데이터를 살펴볼 수 있다. ⟨그림 10.3⟩의 데이터 테이블을 살펴보면 각 문서들의 URI, 확장자, 필터링된 파일 위치, 언어, 이름, 텍스트, 액세스 시간, 생성시간, 필터링된 크기, 수정 시간, 생략됨(여부), 크기, 잘림(여부) 등의 정보가 데이터셋으로 구성되어 있음을 볼 수 있다.

⟨예 10.1⟩ 내보낸 데이터셋을 저장하는 SAS 코드

```
LIBNAME tmout 'K:\My_Work\Text_Outdata';

DATA tmout.import1_out;
   SET &EM_IMPORT_DATA;
RUN;
```

또한 2.6절에서와 동일한 방법으로 SAS 코드(Code) 노드를 이용하여 데이터 테이블을 SAS 데이터셋으로 저장할 수 있다. ⟨예 10.1⟩의 프로그램에서 매크로 변수 &EM_IMPORT_DATA는 연결된 노드에서 SAS 코드 노드로 넘어오는 분석 데이터셋의 이름을 지칭한다.

한편, ⟨그림 10.1⟩에서와 같이 데이터 저장(Save Data) 노드를 이용하여 SAS 데이터셋을 생성할 수도 있다. 이때 일반적으로 데이터셋이 저장될 'SAS 라이브러리 이름(SAS Library Name)' 속성과 '파일명 접두어(Filename Prefix)' 속성을 지정하면 된다.

이 예에서는 'SAS 라이브러리'에 tmsample을 선택하였고 '파일명 접두어'를 Import1로 입력하였다. 따라서 데이터 저장(Save Data) 노드를 실행하면 'c:\My_Work\Text_Sample' 폴더에 'Import1_train.sas7bdata'라는 SAS 데이터셋이 생성된다(데이터셋 이름에 데이터의 역할을 나타내는 접미어가 자동으로 붙는다).

⟨그림 10.4⟩ 데이터 저장(Save Data) 노드의 분석 속성

〈그림 10.5〉 텍스트 가져오기(Text Import) 노드의 '웹 크롤링 속성' 지정

10.3 웹에서 텍스트 가져오기

특정 인터넷 웹페이지에서 자신이 원하는 정보들을 추출해서 가져오는 것을 웹 크롤링(web crawling) 또는 웹 스크래핑(web scraping)이라고 한다. 이 절에서는 간단한 사례를 통해 웹(web)으로부터 텍스트를 가져오는 사례를 다룬다.

웹 크롤링을 위해서는 텍스트 가져오기(Text Import) 노드의 속성패널에서 웹 크롤링과 관련된 몇 가지 속성을 추가로 지정하면 된다.

○ URL(Uniform Resource Locator)

웹 크롤링의 대상이 될 웹사이트 주소를 입력한다. 이 예에서는 'estate.mk.co.kr'을 입력하였는데, 이는 'http://estate.mk.co.kr/'라는 웹사이트를 대상으로 한다는 의미이다.

○ 깊이(Depth)

크롤링할 URL의 레벨 수를 지정한다. 여기에 1을 지정하면 해당 웹사이트에 있는 텍스트만을 가져온다. 만약 2 이상을 지정하면 해당 웹사이트에 링크되어 있는 다른 웹사이트의 텍스트들도 가져온다. 이 속성에 2 이상을 지정할 경우 상당한 시간이 소요될 수 있다.

	텍스트	URI	이름	필터링된 파일 위치	언어
1	매경미디어그룹 바로가기 뉴스증권부동산비즈&교육신문PDF구독신청더보기 뉴스인기뉴스오피니언기획·연재스페셜에디션카드뉴스스ChinaMK Japan경제노트우버人사이트MK빌리어드뉴스미라클어헤 프리미엄매경e신문매경프리미엄레이더M레이더P오늘의매경 재테크증권부동산금융경제용어해외DB신설법인 라이프골프Book여행날씨MK액티브시니어호텔예약LUX MM플레이 비즈니스창업The Biz Times닛케이텔레콤M-STAY 호텔비즈&스타트업 멘토링블록체인 트렌드집꾸미기 큐레이션 건빵한국데이터거래소	http://estate.mk.co.kr	file1.html	K:₩My_Work₩Text_Project₩N	한국어
2	본문 바로가기 매일경제매일경제TV 매경이코노미매경LUXMENCITYLIFE GFW M-PRINT 뉴스예능 교양드라마 다시보기 편성표 온에어 통합검색 닫기 드라이브 스루쇼전국민 드루와일요일 밤 9시 20분 방송다섯 여자들의 발칙한 싱글 라이프우리 다시 사랑할 수 있을까수요일 밤 11시 방송	http://www.mbn.co.kr/	file10.html	K:₩My_Work₩Text_Project₩N	한국어
3	매경미디어그룹 바로가기 뉴스증권부동산비즈&교육신문PDF구독신청더보기 뉴스인기뉴스오피니언기획·연재스페셜에디션카드뉴스스ChinaMK Japan경제노트우버人사이트MK빌리어드뉴스미라클어헤 프리미엄매경e신문매경프리미엄레이더M레이더P오늘의매경 재테크증권부동산금융경제용어해외DB신설법인 라이프골프Book여행날씨MK액티브시니어호텔예약LUX MM플레이 비즈니스창업The Biz Times닛케이텔레콤M-STAY 호텔비즈&스타트업 멘토링블록체인 트렌드집꾸미기 큐레이션 건빵한국데이터거래소	http://estate.mk.co.kr/news201	file100.html	K:₩My_Work₩Text_Project₩N	한국어

〈그림 10.6〉 웹 크롤링을 통해 생성된 SAS 데이터셋의 예

○ 도메인(Domain)

초기 도메인의 외부에서 문서를 처리할지 여부를 지정한다(제한됨, 무제한). 접속에 암호가 필요한 웹사이트의 경우, 이 속성을 '제한됨'으로 선택하고 '사용자 이름(User Name)'과 '암호(Password)' 속성을 입력해야 한다.

〈그림 10.6〉은 텍스트 가져오기(Text Import) 노드와 데이터 저장(Save Data) 노드를 이용하여 생성된 SAS 데이터셋의 예를 보여주고 있다.

찾아보기

[T]

[V]

[W]

저자 소개

강현철

고려대학교 정경대학 통계학과, 경제학사
고려대학교 대학원 통계학과, 이학석사
고려대학교 대학원 통계학과, 이학박사
현: 호서대학교 과학기술융합대학 빅데이터경영공학부, 교수
e-mail: hychkang@hoseo.edu

SAS Text Miner를 활용한
텍스트 마이닝 방법론

저　　자　강현철
발 행 인　김지영
발 행 처　자유아카데미
주　　소　경기도 파주시 회동길 37-42
　　　　　파주출판도시
전　　화　031-955-1321
팩　　스　031-955-1322
홈페이지　www.freeaca.com
전자우편　main@freeaca.com (대표)
　　　　　editor@freeaca.com (편집)
　　　　　crm@freeaca.com (영업)
등　　록　제406-2003-017호, 1980. 7. 12
제1판1쇄　2020년 7월 10일 발행
정　　가　15,000원

ISBN 979-11-5808-266-6　93310